CRM2.0

心理でとらえる顧客ロイヤリティ

コモンズ株式会社 波岡 寛

CRM 2.0

第2章

顧客に合わせた最適なコミュニケーション

第3章

優良顧客を味方にする …… 115

おわりに

Column

コラム

はじめに

かつてないマーケティングのパラダイムシフト

２００８年、携帯電話のマーケットリーダー、ＮＴＴドコモがマーケティングのパラダイムシフトを行いました。日本を代表する企業のひとつである同社がこのパラダイムシフトを選択した主な理由は人口減少に伴う「市場の縮小」です。それによって従来の「新規顧客獲得至上主義」から「既存客の維持と顧客内シェアの拡大」へと戦略をシフトさせたのです。これから先、従来のように新規の顧客を獲得することにだけ重点を置いていては生き残れないと判断したのです。ＮＴＴドコモのシフトチェンジ選択以降、多くの企業が同様の選択を行いました。

このことが示すように、日本のマーケティング・コミュニケーションは、今まさに転換期「ＣＲＭ２・０」時代を迎えています。近年、ＣＲＭ（顧客関係管理）の重要性が注目され多くの企業が優先戦略としていることはその表れです。

話は少し変わりますが、エントリー車として人気のある外車を例にしてみましょう。エントリー車であるため新規の顧客は多くなります。しかし、車を買い替える際に再度同社の車を選ぶユーザーは、全体の3〜4割にまで減ってしまいます。これは、買い替えに際して「外車は体験したが、結局は使いやすい日本車に戻る」あるいは「エントリー車として満足したので、より高級な別メーカーの外車に買い替える」といったユーザーが多いことに起因することは想像に難くなく、また、エントリー車を扱う企業としては宿命であるともいえることもご理解いただけると思います。しかし、もし、7割にも及ぶ「買い替えの際に他社製品を選ぶユーザー」の内、何割かでも自社の車を使い続けてくれたらどうでしょうか。「宿命だ」と割り切ってしまう前に、ここに可能性を見出す潮流の中にあるのが現在の日本なのです。

足りないのは、心理軸

クライアントの経営課題や、コミュニケーション課題に対して、クライアントの立場に立ちながらCRMを実施する私たちコモンズのもとには、そうした市場環境の変化に目を向け、危機感を募らせている企業からのご相談が数多く寄せられています。これまでのように、多くの新規顧客を集めて業界シェアを獲得し売り上げを上げることが難しくなってきた、と感じている読者のみなさんも多いのではないでしょうか。既存顧客の維持が重要であると気づき、対策を打つことを緊急課題として掲げる企業は、ここ数年で確実に増えています。

既存顧客と長く関係を築き、利益を上げていくために何より重要なのは、消費者の商品や企業に対する忠誠心＝顧客ロイヤリティを把握し、それに応じたマーケティング・コミュニケーションを実施することです。

しかし、これまで日本のロイヤリティの計測手法は、ＲＦＭ分析（最新購買日・購買頻度・購買金額）を中心とした「行動軸」のみで計測されることが多く、商品に対して好意を持っているか、といった「心理軸」まで捉えきれていませんでした。そのため顧客ロイヤリティを高めるためのコミュニケーションをとれずにいるケースを私たちは幾度となく見てきました。良い顧客とは製品やサービスを「たくさん買ってくれる人」という理屈から、顧客へのコミュニケーションのほとんどが、顧客に製品やサービスを「購入させる」という行動軸を上げるためのもので、「好きになってもらう」という心理軸を上げる施策がおろそかになり、顧客離れが起きているのです。

そこでコモンズでは、「CRM2・0」時代に向けて行動軸と心理軸の両軸で顧客ロイヤリティの高低を捉え分類し、アクイジション（見込み客の顧客化）と、リテンション（既存顧客の優良顧客化）の両方にアプローチする、顧客ロイヤリティ分析メソッド「ロイヤリティ・エンジン」を提唱しています。

みなさんにとって「心理軸」とは、聞き慣れない言葉かもしれません。

先に述べたように、これまでの顧客へのコミュニケーションの中心であった行動軸では、たくさんのお金を使う顧客が重視されているので、「マネー軸」と言い表すこともできます。一方で心理軸は「ハート軸」といえます。顧客と企業あるいはブランドの感情的な結びつき、「大好き」という心の中を数値化したものが、心理軸＝ハート軸なのです。「繰り返し買ってくれる」「クロスセル、アップセルしてくれる」「来店頻度が高い」といった企業から見た望ましい行動度合いを表すのが行動軸なら、「この製品・サービスを提供しているブランドが好き」「このブランドを信頼している」「そのブランドが生活に欠かせない」という顧客とブランドの情緒的つながりを測るのが心理軸です。

少し想像してみてください。

あなたの会社は自社製品を扱う店舗を構えています。あなたはそこの店舗責任者で、より多くのお客様に自社製品を買っていただきたいと店舗スタッフは毎日一生懸命、接客しています。そんなある日、自社製品を一度も購入したことがないというお客様が来店しました。来店も初めてだそうです。あなたならどんなスタッフを接客につけるでしょうか。

「ベテラン販売スタッフは常連さんの接客に当たっているし、初来店の方なら、担当しているお客様の少ない新人に接客させよう」

そう判断する方もいると思います。来店という「行動」は新規顧客への第一歩。行動軸だけ見れば、初めての来店で、製品を購入したことのないお客様は、自社製品に対するロイヤリティが低いという分類になるでしょう。

しかし、ネット社会の現代は、未購入の段階でも、「ブランドの特徴」「顧客の評価(くちコミ)」など様々な情報を収集することができます。その顧客が熟考したうえで来店した場合、新人の販売スタッフの接客では物足りないくらいの知識量と、ブランドに対する期待、「好き」という気持ちが、すでに醸成されています。そうした顧客の心理を無視して接客してしまうと、せっかくの新規顧客開拓のチャンスや、優良顧客になり得る可能性を秘めた人を失うことになりかねないのです。

購入頻度の高い顧客ならば、自分たちの企業やブランドを愛してくれているかのように感じられます。ところが本当にブランドを愛してくれているから何度も購入しているのかどうかは、行動軸だけ見ていてもわかりません。たまたま顧客にとって購入しやすい環境だっただけで、他に同じようなブランドが出てきたら目移りしてしまうかもしれないのです。行動と心理の複合で、目の前にいる顧客を可能な限り理解し、顧客ロイヤリティの度合いに合わせて適切にセグメント（区分）していけば、心理的距離の遠い顧客へは心理的距離を縮めるコミュニケーションを、心理的距離の近い顧客へは行動を促すコミュニケーションを行うことができるようになります。

顧客ロイヤリティ分析とその後のアプローチ

本書では、顧客ロイヤリティの分析の仕方から、セグメントに合わせた戦術の立て方まで紹介していきます。第1章「顧客を正しく理解する」では、顧客ロイヤリティレベルをいかにつかむか。心理軸の捉え方についても詳しく解説していきます。第2章「顧客に合わせた最適なコミュニケーション」では、顧客ロイヤリティのレベルに応じてセグメント別に展開するアプローチ方法について。第3章「優良顧客を味方にする」では、顧客ロイヤリティの高い優良顧客を企業やブランドのマーケティング・コミュニケーションに巻き込むノウハウをお伝えします。そして、第4章「販売力を鍛える」では、長く深く企業やブランドを愛してくれる顧客に愛されるトップセールスパーソンの営業スタイルを紹介しながら、社員育成をどうしていくかを考えていきます。本書を通じ、CRMにお悩みの方々に少しでも参考にしていただけるようなヒントをお伝えしていきたいと考えています。

16ページのピラミッド型の図をご覧ください。これはコモンズの提案する戦略・戦術ツール「Loyalty Generator」ですが、本書の構成もこのピラミッドに即しています。ピラミッドの頂点に位置する「ロイヤリティ・エンジン」は、行動軸と心理軸の2軸で顧客・見込み客のロイヤリティレベルを定量化する調査・分析手法（第1章）。ピラミッド左上部分の「CLM（顧客ロイヤリティ管理）」は、顧客との良好な関係を構築するための戦術。左下部分は、優良顧客を育てるため、コミュニケーションを実施する「CRMプログラム」（第2章）と、優良顧客を資産化していくための施策「アンバサダー（くちコミ）プログラム」「共創プログラム」（第3章）。そしてピラミッド右側は、見込み客との良好な関係を構築するための営業支援「SFM（営業支援管理）」と、営業スキームの実行「SFAプログラム」（第4章）を表します。いずれもコモンズが考える心理軸をいかしたマーケティングやコミュニケーションを実施するうえで欠かせない要素です。

「顧客管理ツールを導入しているのに、そもそも何から手をつけたらいいのかわからない」「分析結果をもとにどんな施策を行っていいのかわからない」といった課題を抱えていらっしゃるならば、このピラミッドのどの部分に問題があるのかを検討し、総合的に各段階へアプローチしていく必要があります。

自分たちに何が足りないのか。立ち返る際にこのピラミッド型を思い出し、該当する章を読み返していただきながら、実りあるマーケティング・コミュニケーションを構築していただきたいと思っています。

ロイヤリティ・ジェネレーター

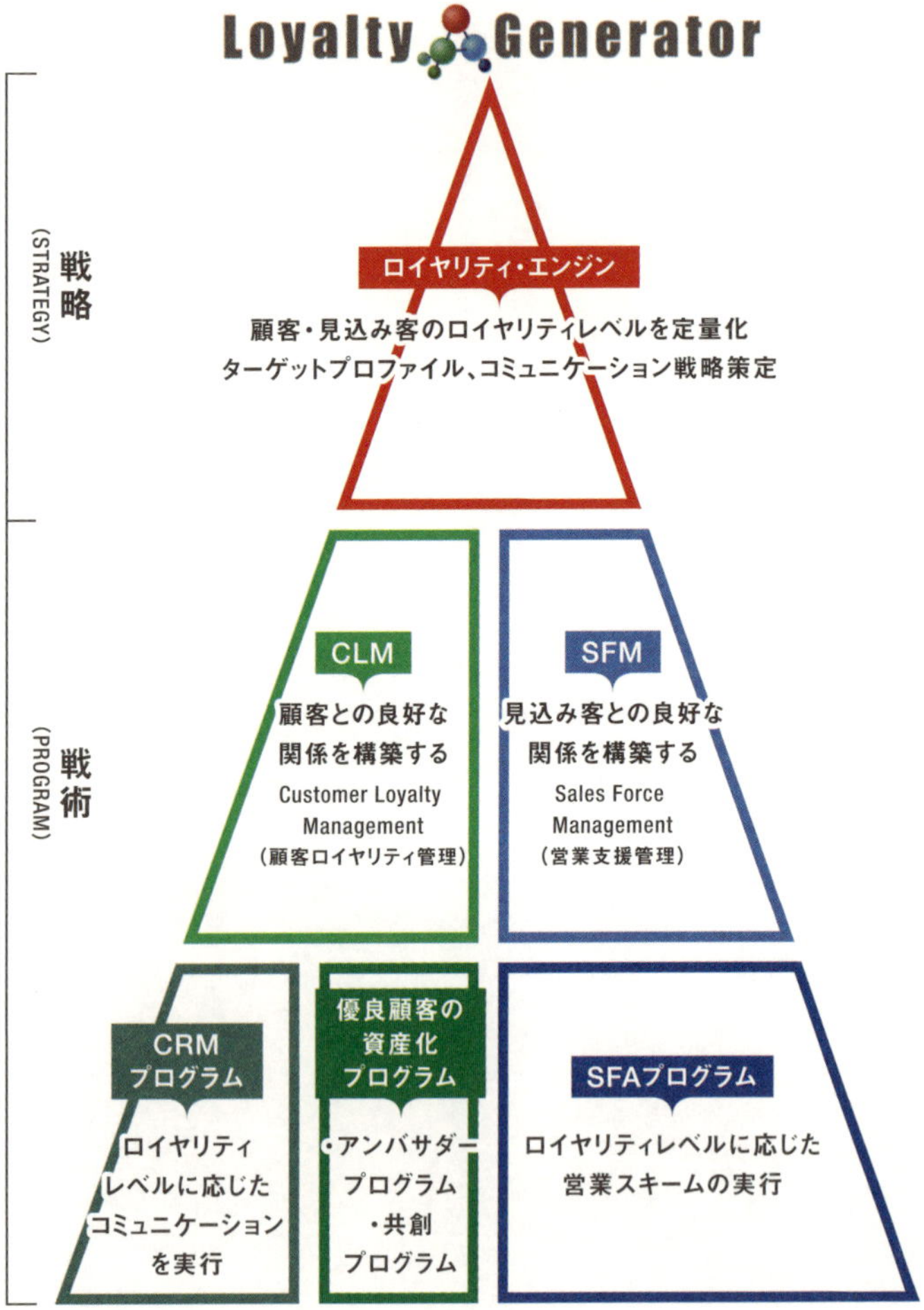

Loyalty Generator
戦略
(STRATEGY)
ロイヤリティ・エンジン
顧客・見込み客のロイヤリティレベルを定量化
ターゲットプロファイル、コミュニケーション戦略策定
戦術
(PROGRAM)
CLM
顧客との良好な
関係を構築する
Customer Loyalty
Management
(顧客ロイヤリティ管理)
SFM
見込み客との良好な
関係を構築する
Sales Force
Management
(営業支援管理)
CRM
プログラム
ロイヤリティ
レベルに応じた
コミュニケーション
を実行
優良顧客の
資産化
プログラム
・アンバサダー
プログラム
・共創
プログラム
SFAプログラム
ロイヤリティレベルに応じた
営業スキームの実行

第1章

顧客を正しく理解する

まず、これまでのロイヤリティ計測の手法や限界について簡単に触れ、私たちコモンズが提案する「心理軸を踏まえた顧客ロイヤリティ」の計測の重要性についてご紹介します。

Theme

常連のお客様、どうして最近は来ないのだろう？

紳士服を販売するチェーンAでこんな話を聞きました。チェーンAには常連のお客様がいました。しかし、ある日を境にそのお客様はぱったりと姿を見せなくなったといいます。本部のマーケティングスタッフは、お客様が来店された時に何かしら不快な思いをさせたのではないか、商品が何らかの理由で合わなくなったのではないかと考えたそうですが、本当にそうでしょうか？

お客様が来店されていた時に実施したアンケート調査を見直してみると、お客様はチェーンAについて、「近くにあって便利」「価格帯が希望に近い」という理由で通っていただいていたことが浮かび上がりました。

そこで追跡調査をしてみると、お客様の自宅から最寄り駅までの間にある商店街の中に、ライバル店が新店を構えたことが原因ではないかという仮説に至りました。お客様は通勤のため、週5日は通り抜ける商店街の中にあるライバル店のほうが、チェーンAよりも立ち寄りやすいはずです。お客様にとっては、同等の商品が手に入るなら、チェーンAでもライバル店でも、どちらでも構わなかったということになります。

そのお客様の平均購入額は、チェーンAの平均客単価を十分に上回っていたので、商品に対する不満はなかったはずです。つまりこの一件では、購入額の高い常連であるという「行動」だけに目を向けて、お客様が「チェーンAを好んでくれている」と思い込んでいたということが問題でした。このように、従来のマーケティング方法では、商品の質や接客態度とはまったく関係ないところで働いている顧客の「心理」にまで考えを巡らせることが難しいのが現状です。また、その心理を理解しなければ、この件のような事態が往々にして起こりうることもご理解いただけるのではないでしょうか。

計測できるのは行動（マネー）軸　〜RFMの限界〜

常連客だと思っていたのに、ある日何の前触れもなく去ってしまう。こうしたことは、あらゆる業種で日常的に起きています。利益貢献度の高い既存客の離反は、手痛い事態です。「競合が現れ環境が変化すれば顧客は離れていく。心変わりするのは止められない」と諦めるしかないのでしょうか?

では、顧客の目線で考えてみましょう。みなさんに質問です。飛行機を利用するとき、目的地に飛ぶ便に搭乗しますよね。目的地に飛ぶ便がA航空会社しか運航していなければ、A社を利用するしかありません。では、A航空会社もB航空会社も同じ目的地に着く便を運航していたら、どちらを選ぶでしょうか。A社は普段よく利用していて、サービスが気に入っています。B社は安さを追求していてA社よりも費用をかけずに目的地につきます。

もし「A社は高いけど、機内サービスも手厚いし、乗り慣れていて快適なフライトができるのがわかっているから信頼できる」とA航空会社を選んだとしたら、あなたは、A社に対する顧客ロイヤリティ(企業や商品に対する忠誠心)が高い顧客といっていいでしょう。「繰り返し利用している」といった『行動ロイヤリティ』が高いだけでなく、「このサービスが好き」「愛用し続けたい」という『心理ロイヤリティ』も高い状態です。

一方「いつもはA社を利用しているけど、安いなら今回はB社にしよう」とB航空会社を選んだとしたら、A社に対する行動ロイヤリティは高かったのに、心理ロイヤリティは低い。言い換えれば、A社は心理ロイヤリティを上げる、好きになってもらうための施策が足りていないのです。よく利用してくれている顧客だからといって放置していると、ブランドスイッチは簡単に起きてしまいます。例えば搭乗の際、CAから「○○さま、いつも□□航空をご利用いただきありがとうございます。」と名前を呼んで、日頃の感謝を表明する取り組みなどが有効になるでしょう。

顧客と長く関係を築き利益を上げていくには、顧客の行動から把握する行動ロイヤリティだけでなく、顧客とブランドとの心理的なつながりである心理ロイヤリティを醸成していくことが何より大事だと私たちコモンズは考えており、そのふたつのロイヤリティ軸を計測し、その分析をもとに有効なコミュニケーション施策を実施するお手伝いをしています。

第1章では顧客ロイヤリティの行動軸と心理軸について詳しくお話ししていきますが、まずは顧客ロイヤリティ計測がこれまでどのような手法で行われてきたのかについて触れておきたいと思います。

CRMに悩み、顧客分析を繰り返してきたという経験のある方に、今さらRFM分析について解説する必要はないかもしれませんが、顧客分析について語る際、まず名前が挙がるのがＲＦＭ分析です。簡単に解説しておきます。

ＲＦＭ分析は、Recency（最新購入日）、Frequency（購入頻度）、Monetary（購入金額）の３つの数値で顧客を分類するものです。Recency（最新購入日）は、その顧客が最後に製品やサービスを購入したのがいつなのか、という指標です。しばらく購入していない人ならば他社に奪われ離反した可能性が高くなります。

Frequency（購入頻度）は、顧客がどの程度の頻度で製品やサービスを購入してくれたのか。購入頻度が高ければ常連客という判断になります。そしてMonetary（購入金額）は、顧客の購入金額が大きければ大きいほど、良い顧客だと判断します。

ＲＦＭ分析で計測できるのは、あくまで顧客の行動の結果、つまり行動ロイヤリティです。どれだけ商品に好意や信頼を抱いているのか、という心理ロイヤリティまではわかりません。「今はたくさん利用しているけれど依存しているわけではなく、同等のサービスがもっと自宅の近くで受けられるなら他社のサービスを利用したい人」だったり「まだ購入したことはないけれど、商品への好意を持っている人」までは見抜けないのです。

ＲＦＭ分析がロイヤリティ計測の基準のひとつとして、有効であると周知され始めたのは、今から20年以上前。ＲＦＭが重宝されたのは、３つの軸で顧客をセグメントしていく点にあります。顧客の情報を収集するためのデータベースを構築すること自体が難しかった当時は、3つの軸というシンプルな情報量が都合が良かったのです。例えば、DMの発送先を選別する際、「直近一年以内に一度でも購入をし、5万円以上使った人を送付対象にしよう」といった使われ方です。しかし現在は、ビッグデータしかり、顧客情報を収集・計測するためのインフラが整っています。より細やかなロイヤリティ計測が可能になったことはいうまでもありません。

RFMでは見えてこない顧客の「好き」という心理

顧客の購入履歴など行動のデータベースがあれば、行動ロイヤリティは計測できます。先に紹介したRFM分析が行動ロイヤリティを計測するのには適しています。しかしRFM分析では心理ロイヤリティは計測できません。

そこでコモンズでは、心理ロイヤリティを計測するアンケート調査で、「好意」「信頼」「依存」を中心にクライアントの要望に合わせた項目で質問をしています（次ページ図）。

心理軸（ロイヤリティ）の計測方法

対象	役割	項目	ロイヤリティの数値化
共通	ロイヤリティ計測設問	好意 信頼 依存 ＋α項目1 ＋α項目2	加点方法、ウェイト等 とてもそう思う …………… ＋2点 まあそう思う……………… ＋1点 どちらともいえない …… ±0点 まあそう思わない ……… −1点 まったくそう思わない … −2点 プラスの関係 マイナスの関係

製品やサービスに対する好意・信頼・依存プラスαの項目について、尺度評価の回答の結果を積み上げてロイヤリティスコアを算出。

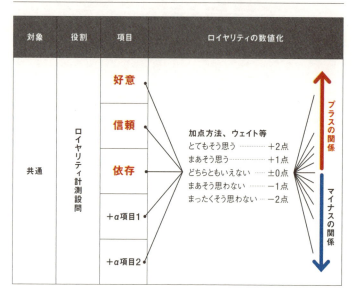

・好意／好き
・信頼／信頼できる質・内容である
・依存／生活に欠かせない・なくては困る

これらから割り出した心理ロイヤリティのスコアは、「次回購入意向」「継続意向」「アップセル・クロスセルの意向」との相関が高いことがわかっています。つまり心理ロイヤリティのスコアが高ければ、長期的に利益をもたらすＬＴＶ（ライフタイムバリュー）の高い顧客になる可能性が高いのです。

「次回購入意向」は、今回の購入理由がそのまま次回購入時にも適用されれば買う、という前提条件のもと回答されるものです。ですから他より安かったから、他社製品より機能的に優れていたから、などの理由で購入した場合、次回購入時に同じ条件でなければ他社に流れてしまうわけです。しかし、ブランドに対する「好意」「信頼」「依存」があれば、たとえ価格が高くても、機能が一番優れていなくても購入してもらえる可能性は高くなります。

私たちが行うアンケート調査では、「好意」「信頼」「依存」の3つの項目をベースに、クライアントがどのような顧客の心理を知りたいのか、どんなマーケティング・コミュニケーションを行いたいのかを加味しながら、質問項目をカスタマイズしています。また調査の対象が、顧客（すでに製品やサービスを購入した人）でも、見込み客（まだ製品やサービスを購入していない人）でも、顧客ロイヤリティに関しては共通の設問で調査を行います。アンケート調査からは顧客の心理ロイヤリティを計測し、顧客の行動情報からは行動ロイヤリティを計測したら、顧客のロイヤリティスコアに応じて、既存顧客の優良顧客化、または見込み客の顧客化にアプローチできる施策を導き出しています。

顧客ロイヤリティを高め、利益に還元するマーケティング

行動軸だけ見て顧客ロイヤリティ分析を行うと、「さらに購入してもらう」施策に意識が向く一方で、既存顧客にこのまま長く顧客でいてもらうために「もっと好きになってもらう」施策はおろそかになりがちです。しかし自社の製品やサービスを長く愛用してくれる忠誠度の高い顧客、つまり心理ロイヤリティの高い顧客が、企業の財産となるということはいうまでもありません。

読者のみなさんの中には、「心理ロイヤリティを上げる、ブランドを好きになってもら

うための施策は、大切だとわかっていても、売り上げに直結する施策に比べて効果が見えにくく、実施しづらい」とお考えの方がいるかもしれません。
しかし、顧客のロイヤリティを高めるためのマーケティング活動は、顧客の生涯価値、LTVを最大化するためのマーケティング活動と言い換えることができます。一般的にLTVといえば、顧客が一生のうちに生み出してくれる利益を指し、それをどれだけ自社に持ってくるかで、LTVも上がっていきます。

LTVと顧客内シェア

LTVを最大化するためのひとつの重要な要素が「顧客内シェア」です。これは、次の式で求めることができる、顧客内でその企業が占める割合のことを指します。

顧客内シェア＝顧客のブランド購入額÷カテゴリーへの支払額（総需要）

企業やブランドに対する心理ロイヤリティが上がっていくと、「次回購入意向」が高まり、「顧客内シェア」が上がっていきます。嗜好性の強いカテゴリーほど、顧客内シェアは高まりやすいという特徴もあります。例えば、ペットボトル入りのドリンクは、好みのブランドはあるにせよ、立ち寄った店に商品が置いていなければ、喉を潤すために別のブランドに手を伸ばすことも多いはずです。一方で車の場合は、あるブランドの車に乗っていること自体に誇りを感じている顧客だと、ライフステージが変化しても、ずっと同じブランドの車に乗り続けていることがあります。独身のときはスポーツカー、結婚して家族が増えたらファミリーカー、夫婦2人きりの生活に戻ったら、2人乗りのコンパクトな車にするなど、車種は変えても同じブランドのものを購入し、小物類もその車のオリジナル商品で揃えるなどしています。

揃えられるものはすべて、このブランドで固めたいと思うまでの強い顧客ロイヤリティを育てるためには、「なぜこの商品は存在しているのか」という開発秘話や、企業理念といった、企業および商品のストーリーを伝え続けることが有効です。日本企業の多くは、購入後のコミュニケーションが乏しいと感じますが、購入してもらった後もずっと、商品を好きでいてもらい、LTVを最大化していくには、心理軸を上げるコミュニケーションを取り続けなければいけません。LTVと心理ロイヤリティは切っても切れない関係なのです。

好きだから他人にはすすめたくない　～NPSの限界～

　ここで、心理ロイヤリティを測る手法として、NPS（ネット・プロモーター・スコア）に触れましょう。最近、複数の企業で採用され、一部で浸透しつつあるので、NPSをご存知の読者の方もいらっしゃるのではないでしょうか。NPSは「この商品を家族や友人にすすめたいと思うか」という質問に対して11段階で答えてもらうもので、推奨欲求を計測します。

　自分が好きな製品やサービスしか推奨しないでしょうから、NPSは心理ロイヤリティの計測に向いている、そう思われるかもしれません。しかしNPSでネックとなるのは、誰にでもおすすめしやすい商品と、おすすめしにくい商品があるということです。

　その一例がファッションです。例えばお気に入りの服があったとして、同じものを友人にすすめるでしょうか。まったく同じ服装の知り合いに出くわすと、「被ってしまった」と気まずい思いをすることもあります。ですから気に入った服でも「これを友人にすすめたいか」と聞かれると首をかしげてしまうのです。

商品を愛用していることを周囲に知られたくなくて素直にアンケート調査に答えられないこともあります。例えばアトピーに悩んでいる女性が、アトピーに悩んでいる人でも使える低刺激な化粧品を愛用しているとします。自分が愛用しているとしても、誰かにこの化粧品を推薦するということは、自分がアトピーであると公言することにもつながります。他人から見れば気にするほどの症状ではなかったとしても、ご本人にとってはコンプレックスであり、長年悩んできたことかもしれません。そんな女性が前向きな気持ちでNPSの設問に答えるかどうか。難しいところでしょう。

好きであればあるほど簡単にはすすめにくいということも考えられます。私はラーメンが好きなのですが、ラーメンは、しょうゆ味が好きな人もいれば、とんこつ味が好きな人もいます。味覚は人によって感じ方が違い、「おいしい」と感じる基準も異なるので、ラーメンが好きだからこそ、「友人においしくないと思われるような店は絶対に紹介したくない」という責任感のような思いが強くなり「この店のラーメンを他人におすすめしたいか」という質問には答えにくさが残ります。個人の趣味嗜好が反映されるものは、NPSとの相性が悪いといえます。

家電などであれば、機能性を他社商品と比較したりして、これが良い、あれが良いとおすすめしやすく、愛着のある商品＝推奨したいという構図がわかりやすいのですが、商品への好意を測るのに、「推奨したいか」という質問だけでは不向きなカテゴリーもあるのです。答えるとき、「すすめる相手がいるか、すすめることで自分がどう思われるか」ということにどうしても意識が引きずられてしまうからです。みなさんが担当している製品・サービスは、顧客ロイヤリティを測るのに、ＮＰＳが本当に向いているでしょうか？　今一度確認してみてください。

顧客満足度と心理ロイヤリティの違い

ここで誤解されがちな「顧客満足度」についても触れておきます。「わが社も顧客ロイヤリティを測っています」と話されている方の話をよくよく聞いてみると、それは「顧客ロイヤリティ」ではなく「顧客満足度」だった、ということがあります。

「顧客満足度」とは、顧客の期待値に対する満足度です。つまり、その製品やサービスを利用する前からもっている「期待」が満たされたかどうかが測られることであり、心理ロイヤリティである、「好意・信頼・依存」とは直接的な関係がありません。

またこの「期待値」とは、業界平均や価格と連動して変化する不確実なものでもあります。つまり、「これぐらいの金額を出しているのだから、これぐらいのサービスはあるだろう」といったように、価格と連動して期待値は変化します。また類似品との比較によって左右されやすく、「A社と同じぐらいの価格帯なら、同様の機能がついていてほしい」といった心理が働きます。つまり、どんなに「顧客満足度」が高くても、価格や業界スタンダードが変化してしまったら、次回も同じ製品やサービスを買ってくれるかは、わからないということになります。他に似たようなブランドが出てきたら、そちらにスイッチされかねないのです。

顧客満足度＝期待値に対する満足度
期待値＝業界平均や価格と連動

一方で心理ロイヤリティは、製品やサービスを提供している企業やブランドに対する忠誠心で、心理ロイヤリティが高い状態であれば、価格や競合によって、そのブランドが「好き」という心理が左右されることはありません。では、この「好き」という感情はどのように醸成されるのでしょうか？　例えば、期待以上のことをされると心理ロイヤリティは上がりやすくなります。販売員から手厚いホスピタリティを受けたりすると、たとえ商品自体が競合と大きな差はなかったとしても、そのブランドを一層好きになり、心理ロイヤリティが上がります。また「創業100年以上の歴史がある」「熟練の技術者が手づくりしている」「個性的な創業者がつくったブランドでその気持ちに共感できる」といったブランドのヒストリーを知ってブランドの付加価値を感じると、価格を超えたところで顧客ロイヤリティが上がっていきます。「ブランドが好き」「この商品がないと困る」といった「顧客ロイヤリティ」と、期待に対する満足度を指す「顧客満足度」は別のものなのです。

自分の恋愛パートナーに対して、「自分が求める条件が文句なしに揃っているのに、好きとは違う」といった話に似ているかもしれません。

「顧客満足度」という言葉が世間になじんでしまっているので、コモンズで顧客ロイヤリティを測る調査をするときも、わかりやすさのために「顧客満足度調査」と呼ぶことがありますが、ＬＴＶを最大化していく際に重要なのは「価格と連動した期待値への満足度」ではなく、「価格を超えたブランドに対する忠誠度」を測るということです。読者のみなさんも、顧客ロイヤリティを把握していると思い込んでいたら「顧客満足度」のことだったということがないか、見直してみてください。

私たちが、国内家電メーカーのユーザーに行った計測結果もご紹介しておきます。ＬＴＶと関係の深いカテゴリー別の「次回購入意向」と、総合満足度、ＮＰＳ、プロダクトに対する心理ロイヤリティという3つの指標で、それぞれの相関を比べたところ、心理ロイヤリティで、最も高い数値が出ました。特にカテゴリーＡの購入意向と心理ロイヤリティは、０・７４６７という相関係数が出ており、「強い正の相関」が、出ていることがわかります。この結果を見ても、心理ロイヤリティを高めることが、ＬＴＶの最大化において重要であることがわかります。

心理ロイヤリティの優位性の検証

	総合満足度	NPS	心理ロイヤリティ
カテゴリーA 購入意向	0.6846	0.6024	0.7467
カテゴリーB 購入意向	0.4543	0.4866	0.5376

相関係数r	相関の強さ
$0.7 \leq r \leq 1.0$	強い正の相関
$0.4 \leq r \leq 0.7$	正の相関
$0.2 \leq r \leq 0.4$	弱い正の相関
$-0.2 \leq r \leq 0.2$	ほとんど相関がない
$-0.4 \leq r \leq -0.2$	弱い負の相関
$-0.7 \leq r \leq -0.4$	負の相関
$-1.0 \leq r \leq -0.7$	強い負の相関

4つの顧客セグメントに応じたコミュニケーション施策

ここまで顧客ロイヤリティ分析がなぜ必要なのか、どのように分析して顧客を把握するのかについて見てきましたが、ここからは、行動ロイヤリティと心理ロイヤリティの計測結果をもとに、顧客をどのように理解し、施策につなげていくのかについてお話しします。

コモンズでは行動軸、心理軸の計測結果から、顧客を大きく4つにセグメント(区分)していきます。コモンズが考える顧客セグメントの基本は「コンシューマー(無忠誠)」、「スイッチャー(離反予備軍)」、「ファン(製品嗜好)」、「プロダクトロイヤル(製品忠誠)」の4つです(38ページ図)。それぞれ見ていきましょう。

【コンシューマー(無忠誠)】

初めて製品やサービスを購入した顧客、いわゆる一見顧客です。「CMを見てちょっと興味がわいた」、「小売店に行ったらたまたま安売りしていた」、「近所に店舗がオープンした」といったきっかけで購入に至ることが多く、行動ロイヤリティ、心理ロイヤリティの両方でロイヤリティが醸成されていないといえます。

有効なコミュニケーション　↓　付加価値戦略

まずは製品やサービスの付加価値を伝えること。類似品とは違う点や、商品の使い方、他の顧客の声などを丁寧に伝えて差別化を図り、心理ロイヤリティを高めるためのアプローチを行います。心理ロイヤリティを高めるための付加価値戦略としては、以下のようなものがあります。

・ブランドの良さを伝える

いうまでもなく他社との差別化ポイントです。まずはブランドに対する理解を促します。

・正しい使い方を伝える

顧客が商品の使い方を間違うと、開発側が想定した効果は得られません。結果として商品満足度を下げることにつながるので、購入後にこそしっかりと正しい使い方を伝える必要があります。

顧客ロイヤリティセグメント

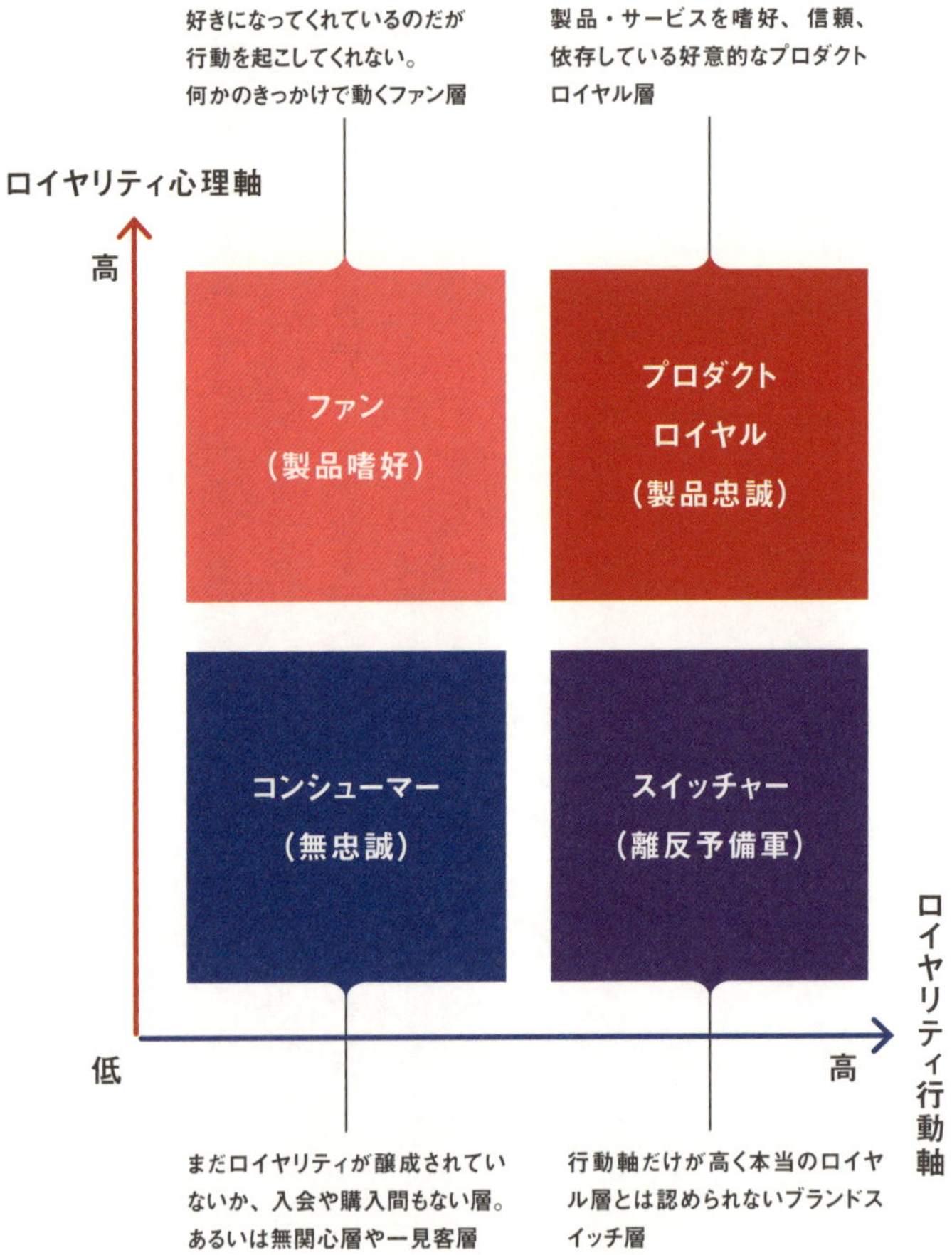

・既存顧客のくちコミを読んでもらう

本来であれば顧客が継続して商品を使い続け、1カ月後や3カ月後に感じる効果や喜びをくちコミによってイメージさせると、疑似的にですが顧客の気持ちを引き上げる効果があります。

・製品やサービスの開発秘話を紹介する

企業の創業者でもいいですし、実際に開発に関わった人でも構いませんが、「こんな時代のニーズに応え、何年という歳月をかけて開発した」といったストーリーを見せることで愛着が生まれます。

・アフターサービス、カスタマーセンターでの手厚い対応

購入後に受けられるサービスや、顧客からのクレームで製品改良を行ったといったことを伝えます。「こんなことまで手厚く対応してくれるんだ」と、自分が使い続けたらこうなるという想像が製品やサービス、あるいは企業やブランドに対する期待を呼び、心理ロイヤリティを高めることに効果を発揮します。

とってはいけないコミュニケーション　↓　行動軸へのアプローチ

まだ顧客ロイヤリティが醸成されていないため、行動ロイヤリティを上げることに結びつくコミュニケーションは逆効果になりがちです。

・購入を促す

「追加でさらに購入しませんか」など、催促されることで、「一度買っただけなのに、勧誘された。しつこい」と嫌がられます。

・値引きなどによる行動喚起

先週商品を購入したばかりなのに、セールの知らせを受ければ、がっかりします。

・クロスセルの促進

心理ロイヤリティが醸成されていない段階では、他社の商品もフラットな視点で見ることができます。新しい商品の情報を伝えることで「この商品も購入しませんか」とクロスセルを促進したつもりでいると、「A社はこんな商品を出しているけど、B社の商品はもっと良さそう」と他社の商品と見比べることで他社に離反してしまうきっかけになるかもしれません。ネットを見れば、いくらでも情報が入り、かつ比較検討もしやすいご時世だからこそ、注意が必要です。

【スイッチャー（離反予備軍）】

行動ロイヤリティはとても高いので、行動ロイヤリティだけを見れば、上顧客に分類されるくらいのポテンシャルを備えています。しかし心理ロイヤリティが伴っていないため、本当の意味での顧客ロイヤリティが醸成されているとはいえません。ふとしたきっかけで、他の商品に離反していく可能性が高い、ブランドスイッチ層といえます。

食品や化粧品などを定期便で購入していて、単に定期便を解約するのが面倒だから購入し続けているといった消極的継続の場合は、どんなに毎月の購入額が高くても顧客ロイヤリティが低い場合があります。もともとブランドに執着がないのか、経年と共に顧客ロイヤリティが下がってしまったのかどうかは、注意して判断すべきでしょう。また、長く愛用していた商品が製造中止になってしまったことで、顧客が「裏切られた」と感じた場合、どんなに長い期間顧客でいても、すっと離れていってしまうことがあります。

有効なコミュニケーション　↓　高付加価値戦略

コンシューマーと同様に、付加価値戦略が有効です。心理ロイヤリティを高めることが離反へのストッパーになりますが、さらに有効だといえるのが高付加価値戦略です。感情的なつながり＝エモーショナルボンドづくりに注力します。

・高頻度・高価格利用者への特別サービスの提供

高頻度・高価格利用者しか参加できないイベントの開催、新製品発表会への招待など、企業やブランドと結びつく機会を提供します。

とってはいけないコミュニケーション　→　行動軸へのアプローチ

とってはいけないコミュニケーションも、コンシューマーと同様で、行動ロイヤリティを上げるコミュニケーションです。例えばよくあるのが、愛用していた商品が販売中止になったことに、企業やブランドの裏切りを感じ、顧客が傷ついたことで離反するというケース。そういった顧客ロイヤリティが高かったのに裏切られたと感じた顧客は傷ついているので、アンケートなどに本音を吐露していることが多々あります。しかし実際は販売中止になった商品の代替品を発売しているということも少なくありません。つまり情報伝達がうまくいっていないのです。新商品へのスイッチがスムーズにいかなかった顧客は、もう一度戻ってくることへのハードルが非常に高くなります。ブランドとの信頼関係を再構築するのは容易ではありません。そうしたことから、スイッチャーに対するコミュニケーション施策の優先順位は低い・あるいは見切る、諦める、放置する、という企業も少なくありません。行動ロイヤリティだけで判断せず、心理ロイヤリティにしっかり目を向け、スイッチされる前に心理ロイヤリティを高めていくことが、何よりも重要です。

【ファン（製品嗜好）】

スイッチャーとは真逆で、心理ロイヤリティは高いけれど、行動ロイヤリティが伴っていません。行動軸だけ見るとコンシューマー層と同じですが、いきなりファン層に所属する顧客も多く見られます。いきなりファン層に所属する顧客は、高関与・高価格商品を扱う企業やブランドの顧客です。商品が高額なため、購入に至るまでに入念な下調べを行い、「絶対に失敗したくない」と思って購入を決意しているので、下調べを行っている間に顧客ロイヤリティが高まっていることが考えられます。自社の販売員と互角、あるいはそれ以上の情報量を備えて店舗にやって来る顧客もいるくらいなので、継続購入は見込めます。

有効なコミュニケーション　↓　行動喚起戦略・ポテンシャル拡大戦略・利便性拡大戦略

次の購入までの期間を短くする＝行動ロイヤリティを高めるためのコミュニケーションが効果的です。

・行動喚起戦略

お得な購入キャンペーンなどを期間限定・顧客限定で実施し、行動喚起を行います。すでに購入している商品の買い増しは難しくても、化粧水とコットンパックといったような関連性の高い商品を紹介することでクロスセルを促します。

・ポテンシャル拡大戦略

製品やサービスカテゴリーへの関心度や関与度を上げると効果的です。購入商品を通して企業やブランドを好きになってもらい、購入商品周辺にお金を使ってもらうための工夫を行います。ポテンシャルを上げていけば、それが顕在化したときにこのブランドだから買いたいという顧客ロイヤリティの醸成につながっていきます。

・利便性拡大戦略

店舗数が少ない場合は、ネット通販などを活用して、利便性を拡大することで行動軸を上げることにつながります。より簡単に継続して購入し続けられる仕組みを提示すると効果的です。

とってはいけないコミュニケーション　↓　心理軸を後退させるアプローチ

・割引情報の提供

顧客がすでに購入している製品やサービスの割引情報を見ると、誰でも嫌なものです。これはファンに限ったことではなく、消費者側に立つ人であれば誰でも損した気になるでしょう。「自分は損した」「もう少し待てば良かった。教えてくれたらいいのに」など、マイナスなイメージを抱かれると心理ロイヤリティを後退させかねません。すでに企業やブランドのファンであるからこそ、配慮が求められます。

【プロダクトロイヤル（製品忠誠）】

心理ロイヤリティも行動ロイヤリティも非常に高く、製品・サービスを嗜好・信頼・依存しています。総じて顧客ロイヤリティが非常に高いので、この状態を維持する、もしくは次のステップとして、より企業との関係を深めていくためのコミュニケーションを図ります。

有効なコミュニケーション　→　ブランド醸成戦略・アンバサダー戦略・共創戦略

・ブランド醸成戦略

　企業に対する心理的なつながりの醸成を図っていきます。具体的には企業のことを見える化し、経営者の声を届けることで、特定の商品だけでなく、企業やブランドを好きになってもらいます。企業やブランドを好きになると、顧客が購入している商品のカテゴリー以外の商品にも目を向けやすくなります。

・アンバサダー戦略

　顧客ロイヤリティの高い顧客を組織化して、アンバサダーとして活動してもらうなどしながら、企業と顧客の関係から一歩進んだ、企業側の人になってもらいます。企業の応援団となり、周囲の人などに商品の良さを代弁してもらうことで、新規顧客の獲得にもつながりますし、その顧客自身の心理ロイヤリティも深まります。

・共創戦略

どんな商品があったら購入したいと思うか、既存の商品の改善点など、モニターになってもらい商品開発のプロジェクトなどに参加してもらいます。この、顧客に意見を聞く会などは数多くの企業が実施しています。「自分が開発に関わった・自分の意見が反映された商品として、周囲の人にもすすめたい」という気持ちが自発的に生まれ、優秀なセールスパーソンになってくれます。なおこの共創戦略と前項のアンバサダー戦略に関しては、第3章で詳しく紹介します。

とってはいけないコミュニケーション　↓　他のセグメントに属する顧客と同等の扱い

上顧客として扱うことが何よりも大事です。特別扱いすることで、自己承認欲求を満たしてあげると、より深い結びつきが生まれます。「自分はおざなりにされた」「放置された」と思うと、顧客のブランド愛好心に傷を付けてしまうことになります。

セグメント別比重の違いから見る企業の特徴

本書では「コンシューマー」「スイッチャー」「ファン」「プロダクトロイヤル」という4つのセグメントをご紹介しましたが、クライアントの要望に合わせて、セグメントを細分化していくことも多くあります。コモンズのクライアントの中には20、30セグメントに区分しているケースもあります。しかしながら、顧客情報の整理だけに集中していると、ただ情報を振り分けることに終始してしまいがちです。

セグメントを行う理由は、各セグメントに所属する顧客に対して、有効なコミュニケーションと、とってはいけないコミュニケーションを見極めることにあります。そして顧客の心理に訴求することで、行動喚起していくことが最大の目的ですから、セグメントを活用して、次の一手となるマーケティング・コミュニケーションの施策を選択し、実行していただきたいと思っています。

この要素があるから、このセグメントであると、明確に振り分けることはできませんが、各セグメントの比重が高い企業の特徴をいくつか挙げますので参考にしてください。

【コンシューマー（無忠誠）が多い企業の特徴】

低関与・低価格商品を扱うブランドや、業界の中でも新規参入した企業に多く見られる分布例です。行動を促しても、いたずらにスイッチャーを増やすことにつながるだけなので、心理ロイヤリティを上げるためのコミュニケーションを中心に行う必要があります。特に低関与・低価格商品の場合、スペックや金額での大きな差を生み出すことが難しいので、より感情的つながり（エモーショナルボンド）をつくることに注力する必要があります。

【スイッチャー（離反予備軍）が多い企業の特徴】

定価よりもかなり安く製品やサービスを提供する企業（例：家電量販店やディスカウントショップなど）や、その製品・サービスの特徴が利便性（簡単に買える、近くにお店がある）に特化している企業（例：コンビニやドラッグストアなど）の顧客に多く見られる分布例です。スイッチャーは、他に少しでも安い企業や便利な企業ができると、簡単にスイッチしていきます。価格や利便性以外の付加価値をどう創造できるかがカギになります。

あるいは対照的ですが高関与・高価格な製品やサービスであっても、ディスコンされた製品やサービスをもっている企業やブランドもスイッチャーの含有率が上がる傾向があります。サービス中止や製品の製造中止の判断をする場合は、その後継サービスや製品への上手な移行を計画しながら実施したほうが良いでしょう。

【ファン（製品嗜好）が多い企業の特徴】

高関与・高価格商品を扱う企業（住宅や車など）に多い顧客分布です。顧客の購入サイクルが長く、なかなか行動ロイヤリティを上げるのが難しい企業に多いです。この場合、主力の製品・サービスカテゴリーに関連した商品の開発を行い、販売につなげる（行動ロイヤリティを上げる）方法が有効です。心理ロイヤリティが高まり、自分に必要なものであれば、その企業の商品を購入したいと思っているので、他社に対する優位性が低くても購入に至る場合があります。

あるいは、対照的ですが低価格商品を扱う企業にもこのような顧客分布は存在しています。その理由は、利便性（どこでも簡単に手に入る）が低いために、行動ロイヤリティが上がらない、といったものです。この場合、行動ロイヤリティが上がらない阻害要因である、利便性を拡大する必要があり、販路の拡大や通販事業の開始などの利便性拡大戦略を取ることで、容易に行動ロイヤリティを上げることが可能になります。

【プロダクトロイヤル（製品忠誠）】

嗜好性の強い高価格商品を扱うブランドに多い分布例です。1台1000万円以上の高級外車や通常価格の2倍～3倍の高級家電メーカーなどに多く見られます。ある特定の顧客が、そのブランドの製品を何製品世代にもわたって買い替えている場合が多いのです。ブランドの売り上げとしては安定している傾向ですが、エントリー層であるコンシューマー層やファン層が不足していると考えられ、大きな成長が望めない状態でもあります。また、近い将来、主要な顧客の高年齢化に伴い、売り上げ減少の可能性もあり、顧客の若返りを行う必要性が出てきます。対策としては、現状の主力製品はそのままに、そのブランドの低価格ラインの拡充を図るなど、エントリー層の獲得戦略を行うことが重要になってきます。

セグメント別の比重の違いと企業の特徴

ファンが多いパターン
（高関与・高価格）

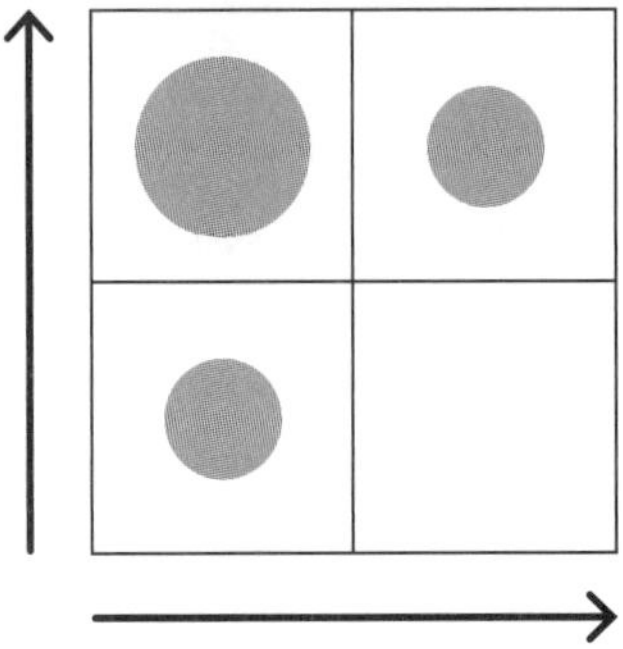

プロダクトロイヤルが多いパターン
（嗜好性の強い高価格）

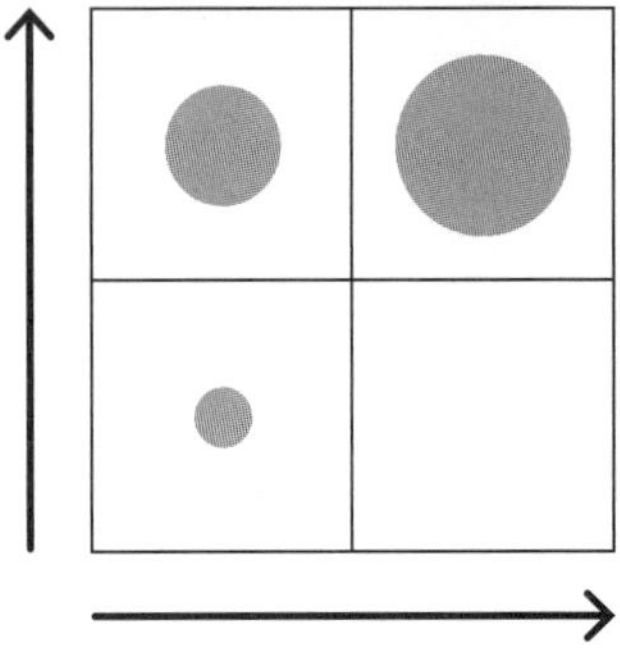

コンシューマーが多いパターン
（低価格・低関与）

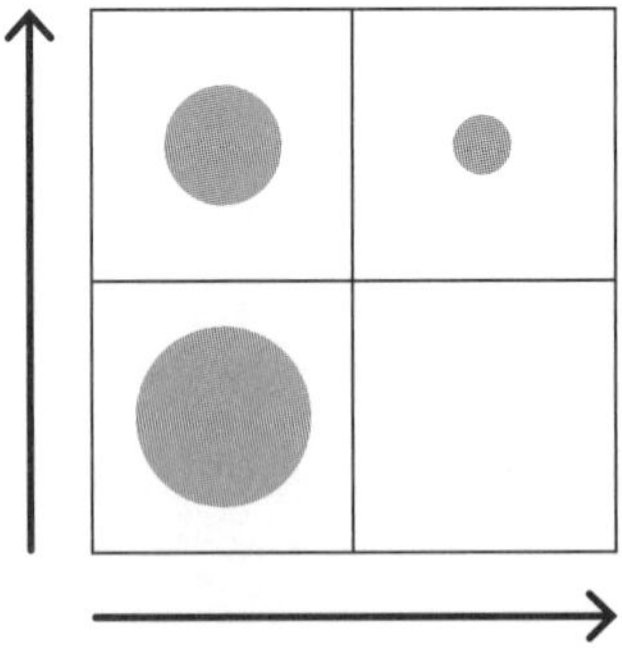

スイッチャーが多いパターン
（安売り業態）

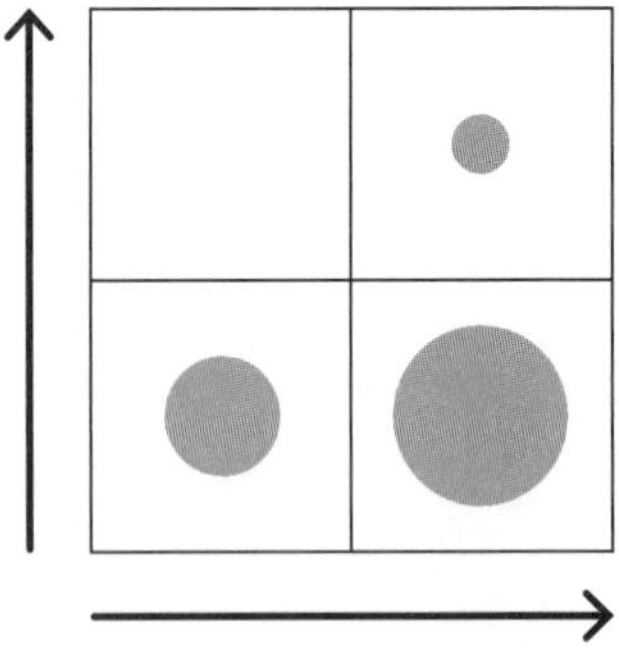

以上のように、顧客の分布による企業の傾向とその対策について、お話をしてきました。顧客の分布を分析していくと、その企業のどこに問題があるのかということや次の打ち手は何かを理解することもできますし、顧客のロイヤリティ調査を行うことで、行動ロイヤリティの上がらないボトルネックや、心理ロイヤリティの上がらない阻害要因に気づくことも可能になります。自社の顧客分布を知り、その理由を把握することは、企業の将来のマーケティングの重要度やプライオリティを理解することにつながるのです。

顧客ロイヤリティを行動軸と心理軸の両面から測定・分析し、セグメントに分類するのは、測定・分析後の施策につなげるためです。第2章からは、計測・分析した結果に即した戦略の展開についてご紹介していきます。

第2章

顧客に合わせた最適なコミュニケーション

CRMソフトを導入しても、具体的に何をすればいいのか、迷う方も多いと思います。ここでは、コモンズ独自のCRMについて、その具体的な考え方や実践方法を紹介します。

Theme

新製品を買ったばかりのお客様に、新製品の割引セールのお知らせを送っていませんか？

デジタル機器を販売しているA社は、顧客にメールマガジンで新製品のお知らせやイベントの告知を行っています。デジタル機器のサイクルはとても早いので、顧客にはいち早く情報を伝えたいと考え、メールマガジンの作成に注力。週1回の配信をコンスタントに続けています。

ところがここ最近、メールマガジンの開封率やそこからのレスポンスが目に見えて減ってきました。そこで原因を探ろうと顧客に対してA社の製品情報をどの媒体から収集しているのかをテーマにアンケート調査を行いました。すると「メールマガジンは目を通していない」と回答する登録者がとても多かったのです。さらに「役に立たない」「つまらない」といった回答も見られました。打開策のヒントを得たいと考えたA社の社員は、A社のメールマガジンの登録者である知人に、メールマガジンについて聞いてみました。すると知人はこう答えたのです。

「新製品を買った翌週に、その新製品のセール情報が掲載されたメルマガが届いて、買ったばかりなのにと嫌な気分になった。新製品を買ったばかりの私に、その製品のセール情報って必要ないでしょ。だからメルマガは迷惑メールに設定していて、まったく見ない」

　新製品を購入したばかりの顧客と、まだ購入していない顧客に、内容の違うメールマガジンを配信しなければいけないのか……。A社の社員は愕然としたそうです。まだ新製品を購入していない顧客には、新製品の特徴を伝える情報が有益ですが、新製品を購入した顧客には意味のない情報です。むしろ商品の詳しい使い方を教えてほしいはずです。しかし多くの企業は顧客セグメントに配慮せず、同じ内容のメールマガジンを登録者全員に配信しています。

　自分のことに置き換えてみるとわかりやすいと思うのです。一度でも自分向けじゃないと感じたメールマガジンは、二度と開封しませんよね。つまりどんなにメールマガジンの内容を改良しても、顧客にはまったく届かない無意味なものになってしまうのです。

システムを導入したけれど、どう活用していいのかわからない

ＣＲＭに悩みを抱えているクライアントの話を聞くと、私たちコモンズに相談された段階で、すでに顧客管理システムを導入しているケースは少なくありません。顧客管理システムを導入しているなら、顧客ロイヤリティの把握も簡単ではないかと思われるかもしれませんが、どう活用したらいいのかわからず、結局のところは活用しきれずに持て余しているという企業のほうが圧倒的です。

最近の顧客管理システムは、営業支援や顧客管理といった、マーケティングオートメーションとしての機能が充実しています。マーケティングオートメーションとは、メールマガジンなどデジタル上で得られる顧客とのタッチポイントを活用したマーケティングプロセスの一部を自動化するシステムのことです。

かつては、メールマガジン配信の機能が限られていて、一部の登録者に限定してメールマガジンを配信するのに手間がかかりました。一部の登録者に配信するためには、手作業で顧客データを抽出しなければいけないくらい、機能が限られていました。しかし

最近の顧客管理システムは、マーケティングオートメーションを活用することで、初めてメールマガジンを送る顧客には、このメールマガジンを、それ以降はこのメールマガジンで、といった細かい設定も可能ですし、配信までのプロセスも非常に簡単です。

しかし、機能が充実することと、その機能を十二分に使いこなすこととはイコールではありません。そもそもＣＲＭといわれても、何から手をつけていいのかわからないという人にとっては、どれだけ機能性の高い顧客管理システムを導入していても宝の持ち腐れです。膨大な顧客データがあっても、どのようなセグメントのターゲットにどんなアクションをするかを決められなければ、活用できません。

全顧客に対して同じ対応で問題ないというのであれば、それでも構いませんが、第１章で触れたように顧客ロイヤリティを醸成させていくためには、顧客セグメントに合わせたコミュニケーションを図る必要があります。顧客セグメントを無視した結果、冒頭に述べたように新製品を購入したばかりの顧客に、新製品セールの情報を配信するなどして、顧客の気持ちが離れることにつながってしまうのです。

ロイヤリティ・ジェネレーター

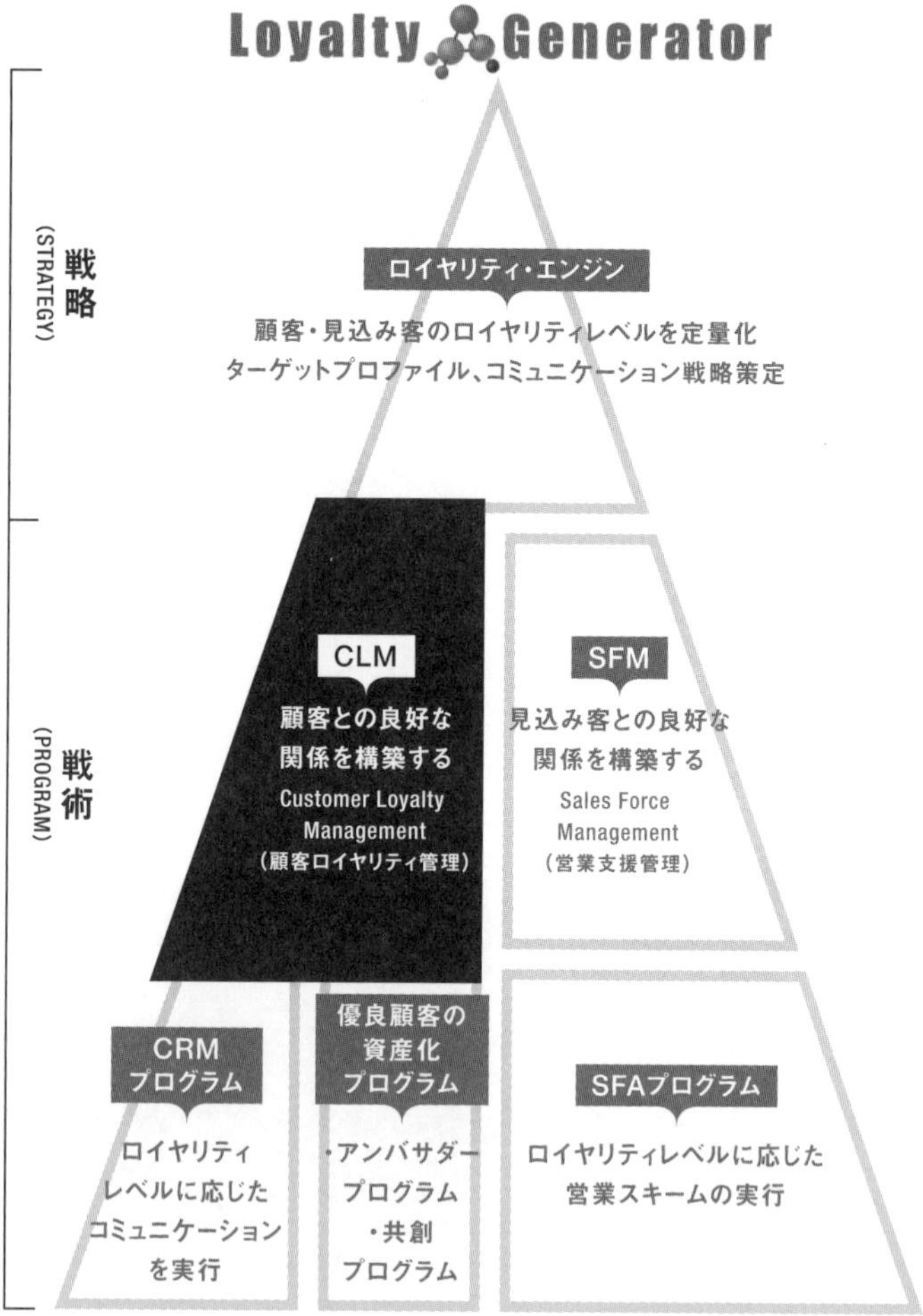

顧客との理想的な関係構築を目指して　CLMとは？

顧客との関係性を深めるコミュニケーションの戦略について話す前に、顧客との理想的な関係とは、どんな関係なのかについて考えてみましょう。

顧客との理想的な関係を築くために、コモンズでは顧客ロイヤリティ管理＝CLMを実施しています。CLMとは「Customer Loyalty Management（カスタマー・ロイヤリティ・マネージメント）」の略です。これを日本語に置き換えてみるとわかりやすいのですが、CLMとは「顧客の忠誠心の管理」です。企業の事業や製品、サービスが顧客に評価されている（売り上げ高につながっている）領域や特徴を分析していくだけではなく、そこから一歩も二歩も深く顧客の心理を予測し、事業や領域、特徴を魅力的にしている要因は何なのか、顧客の心をつかんでいる要因は何なのかを分析しながら、マーケティング・コミュニケーションを促進していくこと。つまり顧客ロイヤリティを醸成し、顧客との良好な関係を長く維持する方法を導き出すことが目的です（次ページ図）。

CLM（顧客ロイヤリティ管理）について

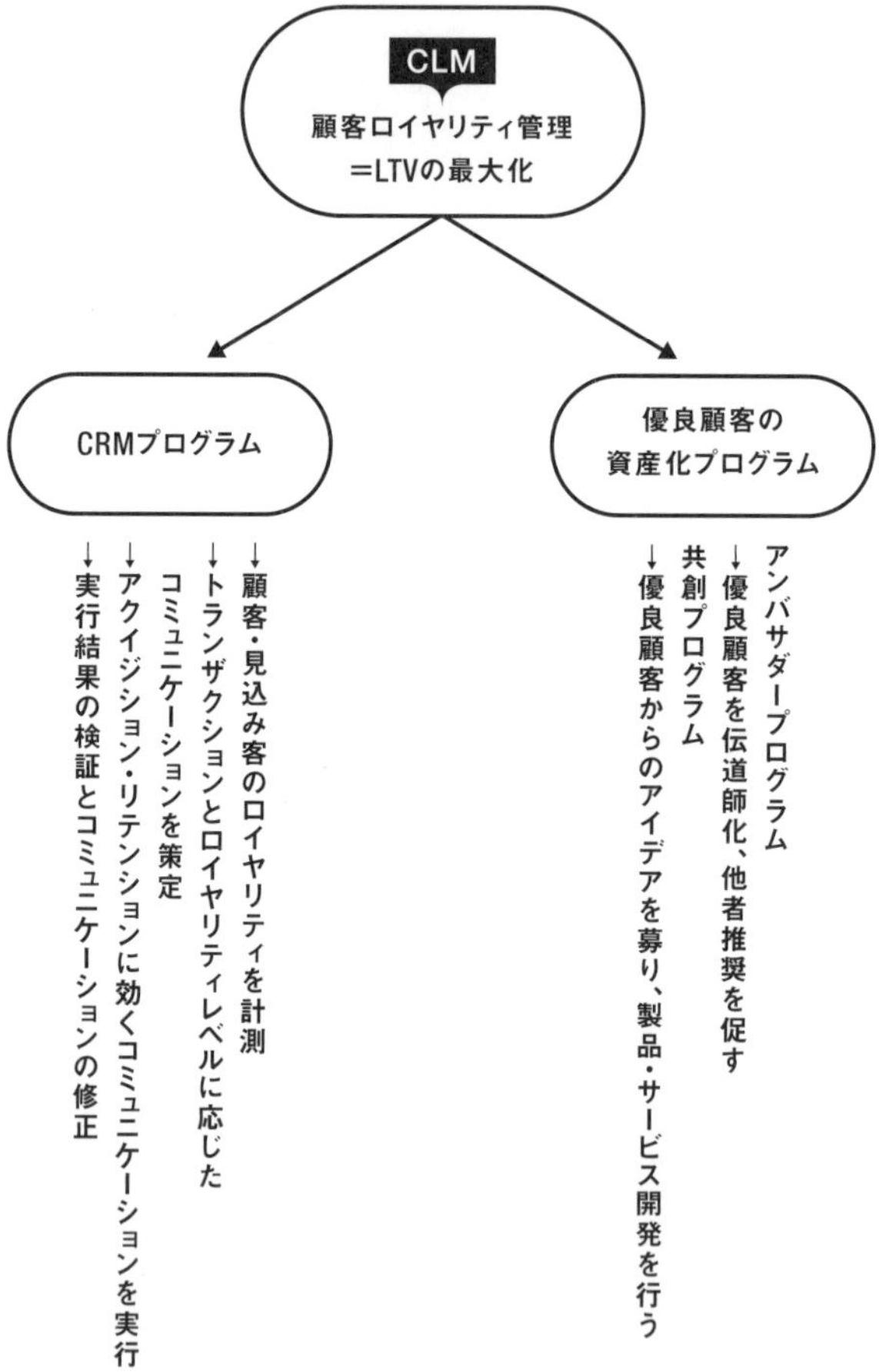

従来の顧客ロイヤリティの計測基準として活用されてきたＲＦＭやＮＰＳではなく、顧客の行動パターンから分析した行動ロイヤリティと、アンケート調査結果から分析した心理ロイヤリティの2軸で顧客ロイヤリティを計測・分析していきます。

顧客との理想的な関係というのは企業によって違うので、例えば「ウェブサイトの訪問履歴から見て、うちの顧客にはこんな傾向がある」といった一般論、あるいは大枠では括れないと考えています。コモンズではクライアントとの初回ミーティングで、「顧客にはこうあってほしいと願う理想像とは何ですか?」と質問しますが、最初に返ってくるのは、やはり「自社製品をたくさん購入してくれる」という答えです。おっしゃるとおりではありますが、さらに突き詰めていくと、答えは微妙に変わってきます。「当社の主軸であるデジタル製品だけでなく、クロスセルで他のカテゴリーの製品も購入してほしい」「安いものから高いものへ。アップセルにつながるよう、顧客の購買意欲を高めたい」、昨今ではくちコミによって購買意欲が大きく左右されるので、「顧客のお友達を紹介してもらいたい」など、真に求める顧客の理想像を突き詰めて話し合っていくと、「たくさん購入」という言葉だけでは言い表せないほど、様々な要望が出てくるものです。

ですから、顧客の行動のみを分析し、RFMやNPSだけで顧客ロイヤリティを測定したとしても、理想の顧客像を実現していくことはできませんし、顧客ロイヤリティを醸成することにもつながりません。そこでコモンズはCLMとは、「顧客との良好な関係を構築・維持すること」と捉え、独自のCRM（Customer Relationship Management）プログラムと優良顧客を活用した顧客の資産化プログラムを実践しています。

コモンズ流CRM

一般的にCRMとは、データベースなどを活用して、企業が顧客との長期的な関係を築くダイレクトマーケティングの中核的な戦略のことを指します。顧客のトランザクションデータ（取引結果、行動結果データ）をもとに、顧客との関係を強化するため最適なマーケティング施策やプロモーションを打ち出していくのですが、データを集めるところまでで終わってしまっている読者の方もいるのではないかと思います。

CRMを実践するうえで大切なのは、第1章でもお話しした通り、顧客のトランザクション（行動・結果）データだけでなく、カスタマーインサイト（心理・要因）データも把

ロイヤリティ・ジェネレーター

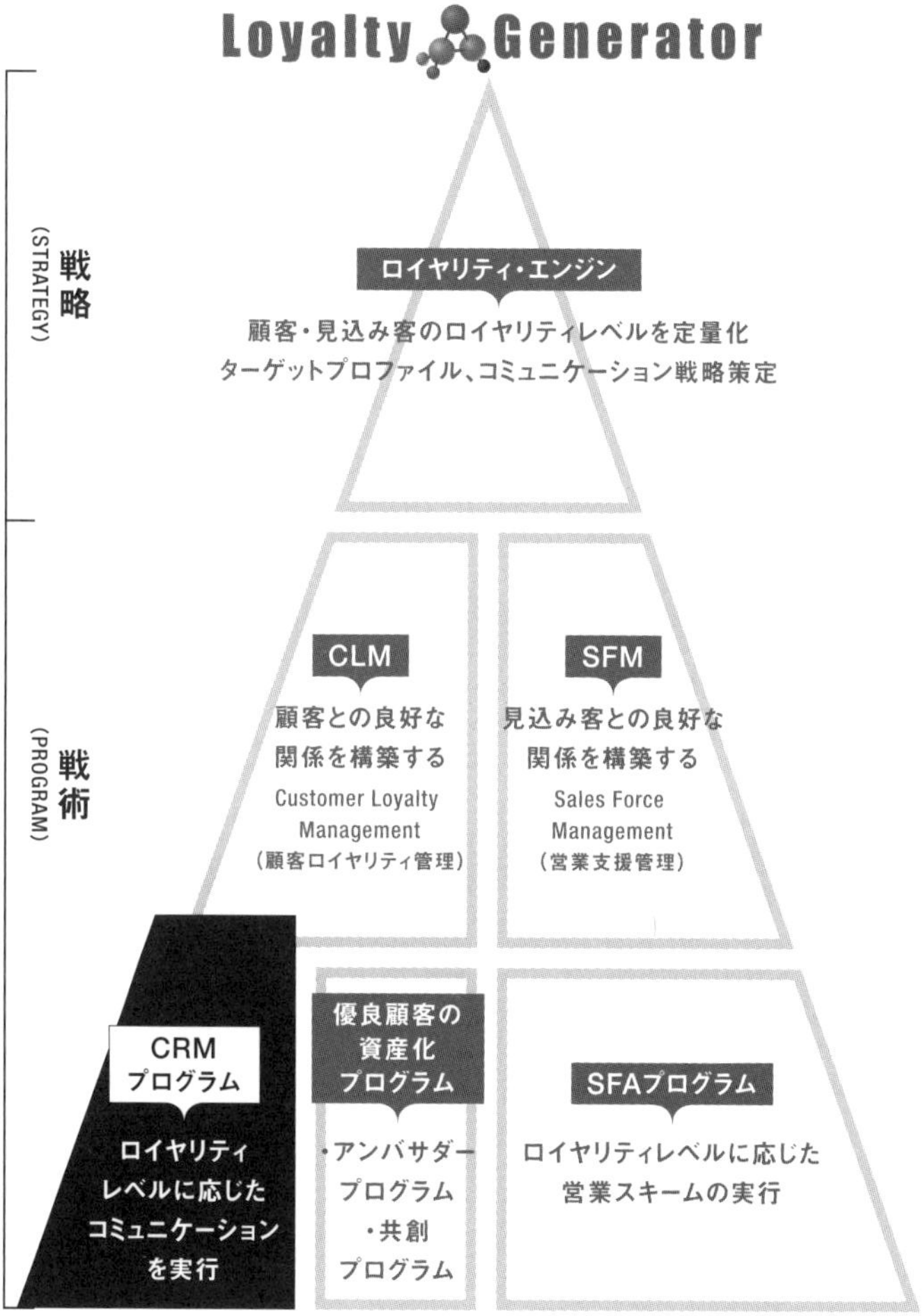

握して、「なぜ顧客がそのような考えや行動に行きつくのか。そこにはどんな心理が働いているのか」を考えながら仮説を立て、顧客とコミュニケーションを図っていくこと。そして、顧客セグメントを加味したコミュニケーションを継続することで顧客ロイヤリティを醸成していきながら、顧客マネジメントを遂行していくことです。CRMの最大の目的は、LTV、つまり顧客生涯価値の最大化に寄与することにあります（左図）。

最近ではマーケティングオートメーションの機能が充実した顧客管理システムを比較的安価で購入することができるようになり、とりあえずシステムを導入すれば何とかなるのではないかと安易な考えで導入に踏み切る企業が増えています。

しかしいくらシステムを導入しても、使いこなし、顧客を分析し、施策に落とし込めなければ意味がありません。そして顧客の情報を顧客という大きな括りで捉えて、判断するのではなく、顧客セグメントに合わせたマーケティング・コミュニケーションを実施しなければ、顧客ロイヤリティは上がるどころか下がってしまい、他の企業やブランドに乗りかえられてしまうことの一因になります。いくら予算を投じても、システムを使って適切なデータの計測・分析を行い、マーケティング・コミュニケーションを推進するための施策に落とし込めなければ意味がないということを、まず理解してください。

CRMプログラム

心理要因までも仮説立てして（最終的にカスタマーインサイトまで補捉しながら）関係構築する。さらに継続的な関係維持に決定的に重要なロイヤリティ視点をもって顧客獲得～顧客マネジメントを遂行していくことを大きな特徴としている。

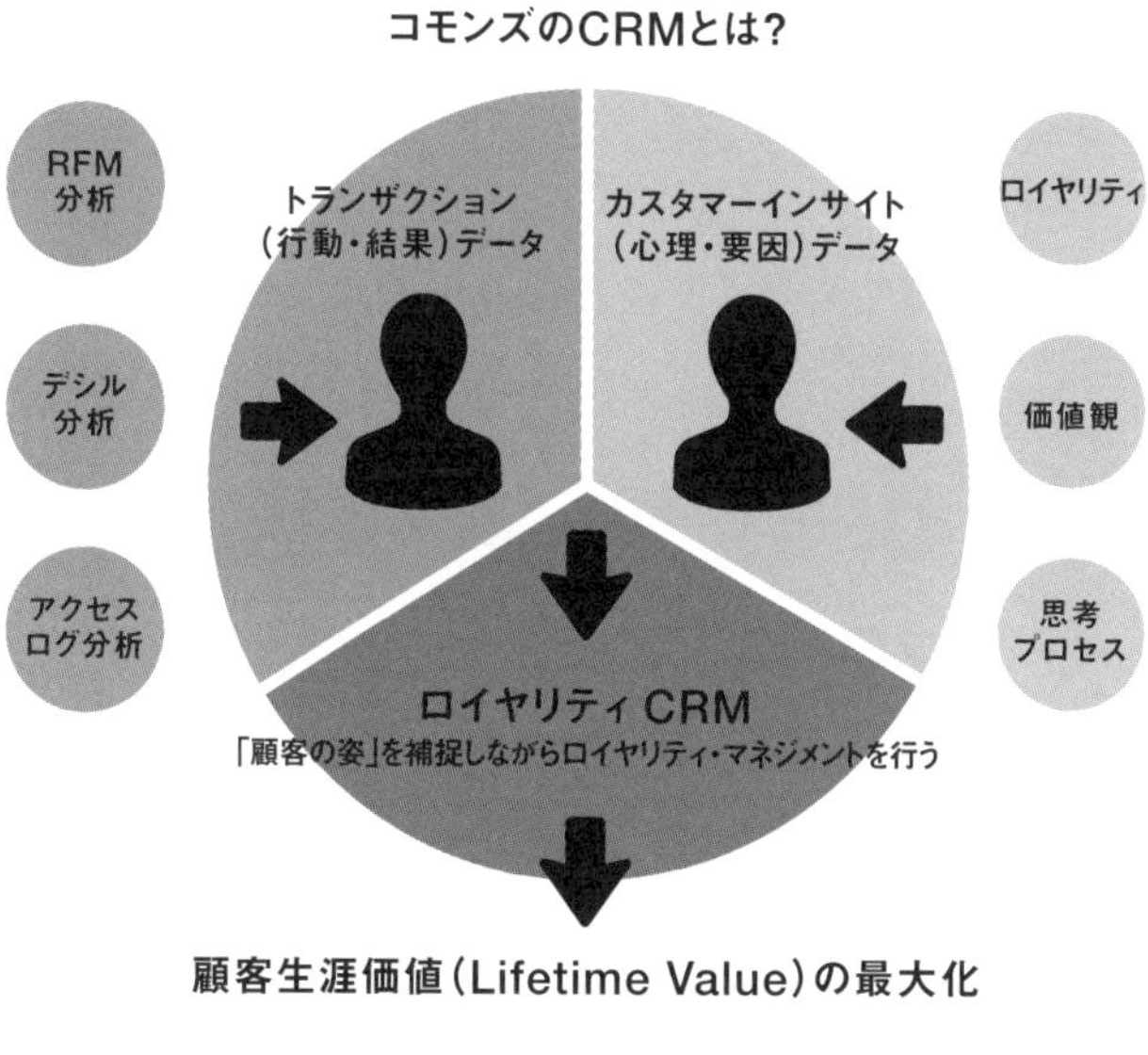

LTVの最大化に欠かせない「顧客ポテンシャル」

ＬＴＶを最大化するには、第1章で触れたように、顧客と良好な関係を継続し利用年数を上げていくことと顧客内シェアを上げることに加え、「顧客のポテンシャルを上げることで、利用額や頻度を高めていくこと」が重要だとコモンズは考えています。そのため、ここで顧客ポテンシャルについて紹介します。

顧客ポテンシャルとは、その製品カテゴリーやサービスカテゴリーに対して、顧客が投じる予算のことを指します。「カメラが好き」「化粧品が好き」「車が好き」のようにカテゴリー自体に関心が高まると、カテゴリーに関する出費が増えていきます。例えば、子どもの成長を記録するためにカメラを始めたら、写真を撮ることが趣味になり、カメラへの関与度が高くなったとか、コンプレックスを隠すために化粧品を使い始めたら、自分が美しくなるための化粧品にも関心が出てきたとか、移動手段としての必要に迫られて車を購入したけれど、カーライフを充実させたいと考えるようになった、といったことです。カテゴリー自体が好きになり心理ロイヤリティが高まると、カテゴリーの追加購入につながりやすく、行動軸も上がっていくのです。

こうした顧客のポテンシャルは、顧客のライフステージの変化や、収入の変化に応じて増減していくので、企業側が、顧客のポテンシャルに影響を与えることは簡単ではありませんが、カテゴリー自体を好きになる活動をすることで需要を育てていくことができる業種もあるのです。

例えば子どもが生まれたことをきっかけに、成長記録用としてコンパクトカメラを購入した顧客が、休日撮影に出かけるようになったとします。そこで企業がコンパクトカメラの上手な使い方や、風景や人物など自分の興味のある被写体をきれいに撮るための撮影方法、写真を上手に加工する方法、写真集を自分でつくる楽しさ、写真を出力して友達に配る楽しさ、さらには一眼レフの魅力、またそれらを上手に使いこなしているユーザーの声など、様々な情報を提供したりします。すると顧客は、「より良く写真を撮るために技術を学び、より高価な機材を揃えたくなる」など、次々と需要の幅を広げていきます。カメラは単に記録するための道具ではなく、趣味の時間を充実させ、友達や家族との時間に彩りを添えるものであるというところまで、顧客のカメラに対する認識や愛着が高まっていけば、カメラ周辺のカテゴリーに投じる費用が、ぐんと上がるでしょう。また企業にとっては、カメラを製造する会社、という立ち位置から、「人生に豊かさを提供する」会社へと存在意義をシフトさせることができ、新たな事業開発に向けたモチベーションが育つことも期待できます。行動軸に注目して、もともと存在する需要の刈り取りだけに注力していると、顧客のポテンシャルを高めることはできません。

もちろん何かに興味を持つと、とことん追求するタイプの顧客は、自分でどんどんポテンシャルを高めてくれますが、多くの顧客は何かしら感化されなければ行動を起こしません。「はじめに」でも話しましたが、人口が減り、市場は縮小傾向にあるので、もともとある需要の刈り取りだけでは、必ず限界が来ます。時間はかかりますが、ポテンシャルは高められるという意識を持つことをおすすめします。

ただ注意すべきは、顧客のポテンシャルを上げやすいカテゴリーと、そうでないものがあるということです。例えば外食産業の場合は、外食の機会を増やさなければ、顧客のポテンシャルを高めることにはなりませんが、人の胃袋はひとつしかありません。一人暮らしのときは外食が多かった人も、結婚すると自宅で食べることが増える、といったライフステージも影響します。一方で先に例として挙げたカメラや車、化粧品、洋服など愛着を持ってブランドを選ぶ傾向の強いものは、需要を育てやすいでしょう。顧客のライフステージを踏まえ、ポテンシャルの育ちそうな顧客であるのかを見極めながら、育てられる可能性のある需要に目を向けていくことが大切です。

「One to One」の実現は難しい。まずは、「One to 5％」「One to 10％」から始める

顧客とのコミュニケーションの歴史を考えると、営業担当者や店舗の販売員が顧客一人ひとりと向き合う対面接客で、コツコツと信頼関係を築いてきた時代が長く続きました。これが「One to One」の結びつきで、時間はかかりますが一度関係性が構築できると強固です。そうした手厚い接客で優良顧客の心をつかんできましたが、多くの企業が人材不足に悩む昨今、文字通り足で稼ぐ営業には限界があります。結果として、ウェブサイトやSNSといった非対面のコンタクトポイントを増やし、一度に多くの顧客に向けてコミュニケーションを図るようになりました。これはいうまでもなく、昨今のビジネスにおける主流です。しかし一度に何百何千、いや世界中の消費者に向けて情報を配信できるようになったものの、非対面のコミュニケーションは「あたたかみのある交流が感じられない」という課題も抱えてきました。

繰り返しになりますが、先週商品を購入したばかりなのに、同じ商品のセール情報がメールマガジンで送られてきたことで気持ちが萎えてしまい、顧客の心理ロイヤリティが著しく低下してしまうといった例は無数にあります。

これが対面で行われていたとしたら、どうだったでしょうか。「お客様は先週商品を購入されたばかりだから、このセール情報は必要ない」と判断できるだけでなく、もし誤ってセール情報を伝えてしまい、「その商品、先週買ったばかりでしょ」と言われたら、「そうでした、失礼しました」と面と向かってお詫びすることだってできます。しかし非対面のコミュニケーションでは、顧客の心が離れていくタイミングがつかみにくいものです。非対面のコンタクトポイントが増えた昨今だからこそ、顧客の心理を読むことが非常に大事なのです。それなのに多くの企業が気づかぬうちに、顧客ロイヤリティを低下させる行動を、良かれと思って実行しています。

例えばメールマガジンの頻度。よく「メールマガジンはどれくらいの頻度で送ればいいのか」といった質問をされますが、メールマガジンを毎日送れば、顧客とのコミュニケーションがうまくいくといえるのでしょうか？　そうではありません。

メールマガジンの頻度は、製品やサービスの特徴などによって変わってきます。厚みのある内容のものは毎日送っても面倒だと読まれなくなりますが、イベントなど鮮度の高い情報を扱うときは、タイムリーであるべきです。ですから、すべての企業にとって共通するベストな頻度というのは存在しないのです。それなのに頻度にばかりとらわれ、顧客に「好き勝手に情報を送りつけてくる」と思われてしまったらどうでしょうか。メールマガジンを配信することは、マイナスにしかなりません。

顧客とのコンタクトポイントを充実させることは大事ですが、頻度が高ければ高いほど良いとは限らず、他社もメールマガジンを配信しているから自分たちも絶対にメールマガジンを配信しないといけないという理由もありません。そしてメールマガジンを送っているから、自分たちは顧客とのコミュニケーションに積極的なのだと思い込んでしまうのは、とても危険です。

理想的な顧客とのコミュニケーションとは、顧客の状況によって変わることを踏まえて丁寧に向き合うこと。これはメールマガジンに限らず、すべてのコンタクトポイントで意識すべきことです。

相手の顔が見えにくく、ともすれば希薄になりがちだといわれる非対面のコミュニケーションであっても、「One to Oneのコミュニケーションを目指すこと」が理想だといわれます。しかし規模が大きくなれば全員と異なるコミュニケーションを取ることは現実的ではありません。まず目指すのは、「One to 5%」「One to 10%」のコミュニケーションです。顧客の総数の5%や10%といった数字は、「相手の顔が見えるコミュニケーションである」ということを示す例えなので、実際に5%、10%と厳密に区切ってコミュニケーションをすることの重要性を説いているわけではありません。ここで重要なのはあくまで顧客を属性ごとのグループに分類し、適したコミュニケーションを目指すことです。

ただ、真心のこもった「おもてなし」が美徳とされる日本では、顧客を区別しない、すべての顧客に対して平等でなければいけないという考え方があるのではないかと感じます。あの顧客は毎月1000円分しか購入してくれないから、雑な接客しかしないといったことでは、当然反感を買ってしまいます。

しかしCRMの基本的な考え方は、「顧客を区別(セグメント)し、それぞれに合ったマーケティング・コミュニケーションを図ること」ですから、顧客を区別することは必要です。仮に毎月1000円分の商品を購入する顧客と、毎月10万円分の商品を購入する顧客が店舗に来店した場合、接客という点においては区別しないけれど、基本となる顧客サービスに「プラスαのサービス」で区別すべきなのです。商品の購入額（行動軸）が高い、つまり行動ロイヤリティが高いからといって、心理ロイヤリティが高いとは限りませんから、特別なサービスをすることによってさらに顧客ロイヤリティを高めることが有効になります。つまり、顧客ロイヤリティが高いかどうかは購入額に比例しないからこそ、区別が必要なのです。

例えば航空会社は、飛行機の座席は航空会社の特別会員になっていれば会員特典で購入できるようにしていますし、全員の状況に応じてプラスαのサービスもあります。

読者の中にも、エコノミーで予約していたのに、ビジネスが空席だったという理由でアップグレードされたという、ラッキーな経験をお持ちの方がいるのではないでしょうか。顧客の利用頻度や、これまで航空会社に支払ってきた金額などからアップグレードする乗客が選ばれているそうです。

アップグレードされたら、顧客の航空会社に対する印象は格段に上がるでしょう。顧客ロイヤリティが上がれば、どこに行くにしても、なるべくなら同じ航空会社を利用したいと思うようになります。顧客を平等に扱うのが良いとは、簡単にいいきれないと思うのです。

ここまで顧客との関係性に応じてコミュニケーションを変えることの重要性をお話ししてきましたが、それならば、私たちが目指す「One to 5%」よりも「One to One」のコミュニケーションのほうがいいのではないかとお考えになる読者の方もいるでしょう。実は「One to One」のコミュニケーションとは聞こえがいいものの、企業の予算や人員体制を考えると現実的ではありません。CRMの目的が、顧客に合った理想的な関係を構築することだとすれば、「One to One」においては、顧客の数だけ理想的な関係を準備しなければいけないことになり、提供するサービスも散漫になり、いったい何を目指しているのかわからなくなってしまいがちなのです。それでは本末転倒です。

顧客とのコンタクトポイント（接点）を考える

顧客とコミュニケーションを取る際、どんな方法があるでしょうか。いくつか挙げてみます。

・eDM（メールマガジンなどを含む）
・DM

・会報誌
・電話（コールセンターを含む）
・店舗
・顧客向け（会員向け）サイト
・企業アプリ
・セールスパーソン
・顧客参加型イベント　など

様々な顧客との接点がありますが、「ｅＤＭ（メールマガジンなどを含む）」「顧客向け（会員向け）サイト」「企業アプリ」は、非対面であるため人件費を削減できるだけでなく、印刷費や郵送費も必要ないので、継続的に顧客との関係を深めていくには、費用対効果の高いコンタクトポイントだといえます。

昨今は顧客が「自分に合っている」と感じるコミュニケーション自体が多様化しています。以前は手厚く接客してくれることが理想で、ないがしろにされると「あの店はひどい」と言われましたが、「店員に話しかけられるのが面倒」「こちらが聞きたいことにだけ答えてくれたらいい」と考える顧客はたくさんいます。その企業やブランドを好むかどうかは別として、コンタクトポイントに対して、非アクティブな顧客が一定数います。

メールマガジンに限らず、「自分にとって無駄」「迷惑」といった心理が一度芽生えてしまうと、仮に顧客にとって重要な情報があったとしても、顧客は目を通さなくなってしまいます。一度閉じてしまったコンタクトポイントを、もう一度開くのは非常に難しいのです。アンケート調査を行い、「毎月お送りしている会報誌を読んでいますか?」と質問をすると、「読んでいない」ならまだしも、「会報誌自体知らない」といった答えが返ってくることがあります。情報を遮断するという心理が働いた瞬間に、コンタクトポイントが視界に入らなくなるのです。

企業側としては、製品やサービスを購入してほしいので、セールや割引情報を送り続けるのですが、その顧客はセールや割引がなくても、自分が欲しいと思った製品やサービスであれば購入する人かもしれません。確かに行動喚起としてセールや割引が一定の成果を上げることに異論はありませんが、製品やサービスの価値を理解すれば、正規料金で購入してくれる顧客に対し、みすみす安く販売するための情報を提供する必要はないでしょう。

また、「０１２０」から始まるフリーダイヤルから電話がかかってくると、とっさに勧誘の電話だと思ってしまい、一切出なくなってしまったり、新車の案内とイベントの案内を同じ形状のＤＭで送ることで、すべてが不要な情報だと、視覚的に思い込まれてしまったりということがあります。そうなったら、ＤＭの形状を変えたり、別のコンタクトポイントを試したりといったさらなる工夫と手間が必要になっていきます。

コンタクトポイントでどんな情報を提供していくのかにおいては、ツールを問わず、どんな情報をどの顧客に提供するのかということが大事です。そして最初が肝心です。「自分には関係ない」「不必要な情報ばかり」という印象を持たれる前に、企業側のメッセージとして、「私たちは、あなたという顧客を見ています。だからあなたに合った情報を提供しています」と感じてもらえるようなコミュニケーションを取らなければいけません。自分にとって役に立つ情報が届くと感じると、顧客はそのコンタクトポイントを重要視するようになります。

自分との関連性が高いコンテンツほど効く

顧客にそっぽを向かれないためにできることは、顧客を理解すること以外ありません。顧客セグメントから浮き彫りになる顧客の特性をしっかりと理解することなのです。ひと昔前であれば、情報量自体が少ないので、「毎回役に立つ情報は得られない」と思われていても、開封くらいはしてくれたかもしれません。しかし、情報量が多い昨今、情報を取捨選択しなければあっという間に自身のキャパシティーをオーバーしてしまうような時代です。だからこそ捨てられない情報を厳選して顧客に届けるべきです。

顧客にとって捨てられない情報とは、どんな情報でしょうか。ひとことで表現すれば、それはレリバンシー（Relevancy）＝「関連性」の高い情報といえます。例えばあなたが、小さなお子さんを育てながら働くキャリアウーマンだったとしたら、家事を楽にするキッチングッズや子育てに役立つアイテムには興味があるでしょう。その関連性は、独身の女性よりも何倍も強いはずです。顧客に届ける情報と顧客のレリバンシーを高めることが、製品やサービスへの興味が高まることにもつながります。

そしてレリバンシーの高い情報を見極めるには、顧客ロイヤリティ分析から区分した顧客セグメントが役に立ちます。顧客ロイヤリティ調査の結果から、行動ロイヤリティと心理ロイヤリティ、それぞれの数値をベースに顧客をセグメントし、適したアプローチを導き出すことができます。企業によって顧客の特徴は違うため、実際に計測・分析してみなければ各企業に適した判断を行うことはできないので、ここでは考え方のヒントを少し記しておきます。

【顧客の行動ロイヤリティをベースにセグメントする】

顧客の行動ロイヤリティは主にＲＦＭで読み取っていきます。ＲＦＭのデータから、

・初めてそのブランドを購入した日はいつか？
・購入した製品やサービスは何か？
・直近でいつ頃購入したのか？

の３つのデータを抽出するだけでも、商品を購入したばかりの顧客に、その商品のセール情報を送るというような、企業の失敗は防げるはずです。

【顧客の心理ロイヤリティをベースにセグメントする】

顧客の心理ロイヤリティはアンケート調査で計測していきます。アンケートでは、「好意」「信頼」「依存」を探る質問をしていきます。

心理ロイヤリティが低い人には「既存商品の正しい使い方」や、「自分が購入した商品の利用者の声（自己承認欲求）」といった情報が好まれ、心理ロイヤリティが高い人には「自分に合った商品の情報」が好まれる傾向にあります。例えば購入済みの商品に合わせて使用するとより効果的な商品の紹介なども同じです。心理ロイヤリティの高い人は、顧客ロイヤリティが高く、企業やブランド、あるいは製品やサービスを信頼しているので、「信頼している人から、おすすめしてほしい」という気持ちが生じるのでしょう。逆に心理ロイヤリティの低い人にとって企業側からのおすすめは、「押し売り」と映りやすいようです。

キヤノンイメージゲートウェイについて

キヤノンイメージゲートウェイ（以下CiG）は、キヤノンマーケティングジャパンが提供している会員サービスサイト。①会員限定のお得な情報を得られ、②写真のテクニックを学んだり、フォトコンテストに参加して腕試しをしたり、③購入製品を登録すれば、製品やフォトライフのサポート情報を受けられる会員サイトです。ここでは、今までコモンズで制作して、効果の高かったコンテンツについて紹介していきます。

・**『カメラはじめの一歩』**～登録後の離脱を防止し、アクティブユーザーを増やすことにつながったコンテンツ

カメラ購入者に対して最初に届くコンテンツ。カメラを購入し、使いたいという気持ちがHOTなうちに、使いこなす楽しみを味わってもらうためのテクニックガイド。全5回を順にメールで案内する。このコンテンツを作成したことにより、CiGから届くメールの開封率が大きく向上し、その後のアクティブ会員率の向上にも大きく貢献しました。自分の買った製品についての撮影テクニックを得られる＝自分にとって有益な情

報を得られると考えた新規登録者は、ＣｉＧから届くメールを2回目以降も開封し続けるようになり、ひいては、その後のコンテンツの開封率やサイトへのアクセス数の底上げにもつながったのです。企業からのコミュニケーションは、そのタイミングと顧客の心理に寄り添った内容（登録者が「自分ごと化」しやすく、ためになる情報）を提供できるかがカギです。また、会員に毎週送るメールの開封率、クリックするレートを高めるための件名やメールの設計のＰＤＣＡを顧客視点で継続して行っていることでも、サイト来訪のアクティブ会員数を毎年増加し続けるという成果を生んでいます。

・**『フォトテクニック』**～顧客のポテンシャルを向上させるコンテンツ

顧客は、カメラへの趣味度の多寡に応じて、カテゴリーへの投資額＝機材への投資やアクセサリー、出力（プリント）に掛ける費用が上下します。このためＣｉＧでは、会員へ撮影を楽しんでもらうためのフォトテクニックを教えるコンテンツを数多く用意しています。会員のテクニックレベルに合わせて、または興味のあるモチーフ（被写体）に合わせて多様なレッスンをコンテンツ化し、よりイメージングの世界を楽しんでもらえるように工夫しています。これが、顧客のポテンシャルを上げることにつながるのです。

・『**フォトコンテスト**』～顧客参加型コンテンツ

「いい写真が撮れた！」と思っても自己満足で終わってしまうと、撮影技術の向上意欲もなかなか続きません。自分の作品が他人にどう評価されるのかということをプロの写真家に評価され、講評のコメントを受け取ることで、さらなる向上意欲が掻き立てられます。ＣｉＧでは桜、紅葉といった季節の被写体をテーマとしたフォトコンテストや、誰でも気軽に応募できて毎週入賞者が発表される「ウィークリーフォトコンテスト」、入選作が写真集になる「47都道府県の魅力発見フォトコンテスト」など、多様な参加の場を用意しています。

・『**写真年賀状**』～共創マーケティングの第一歩

会員から募集した年賀状向けの写真を選考・デザインして、すぐにプリントして使える写真年賀状を無料で公開しています。写真を応募した会員は、自分の写真が多くの人たちの年賀状に使われる喜びを、それを利用する会員は、オリジナリティあふれた年賀状を作成する喜びを共有することができます。ＣｉＧを中継場所として、会員同士の輪が広がっていく取り組みになっています。現在では年賀状だけでなく、会員の作品をデザインした贈るカードや飾るカードも公開しています。

企業と顧客との位置関係を明確に

ＣＲＭプログラムを考えていくときに、コモンズが注意しているのは、企業と顧客との位置関係です。顧客がどの程度の頻度で商品を購入しているのかといった行動パターンから読み取る行動ロイヤリティと、アンケート調査をもとに読み取っていく心理ロイヤリティの両方を見ながら、位置関係を測っていくのですが、ＣＲＭプログラムを実施する前に、まずは位置関係を明確に把握することが大事です。

特に心理ロイヤリティは、アンケート調査を行うタイミングを見誤ると、結果が全く違ってきます。例えば購入者にアンケートをするにしても、一定の期間が経過しなければ使用感や、その商品に愛着がわき、リピートしたいかどうかも、明確な答えが返ってこないでしょう。それではいくらアンケート調査を行っても意味がありません。そしてその最適なアンケート実施のタイミングというのは、商品カテゴリーなどによっても変わります。一度に使い切るような商品であれば、購入後すぐに聞いたほうがいいですし、継続して使い続けることで効果が期待できるような商品は、購入後から１カ月、３カ月と間をあけたほうがいいのです。

アンケートから、重要な情報がたくさんピックアップできるので、タイミングを見計らい心理ロイヤリティをしっかり把握していきましょう。購入した直後の初期計測と、定期的に実施する経過計測を行いながら、心理ロイヤリティが高い顧客には、行動ロイヤリティを高めるコミュニケーションを、心理ロイヤリティが低い顧客には、まずは心理ロイヤリティを高めるコミュニケーションを行っていきます。

これから行動ロイヤリティと心理ロイヤリティを高めるコミュニケーションコンテンツについて触れますが、実施する際に注意してほしいことがあります。それは、実施するコミュニケーションコンテンツが、行動ロイヤリティを上げるものなのか、心理ロイヤリティを上げるものなのかを明確に区別することです。行動ロイヤリティを上げるコンテンツと、心理ロイヤリティを上げるコンテンツは別物です。両方に良い効果をもたらすコンテンツは非常に少なく、「二兎を追うものは一兎をも得ず」ではありませんが、両方をひとつのコンテンツで済ますのは難しいと考えるべきです（次ページ図）。

セグメント別の取るべきコミュニケーションの方向性

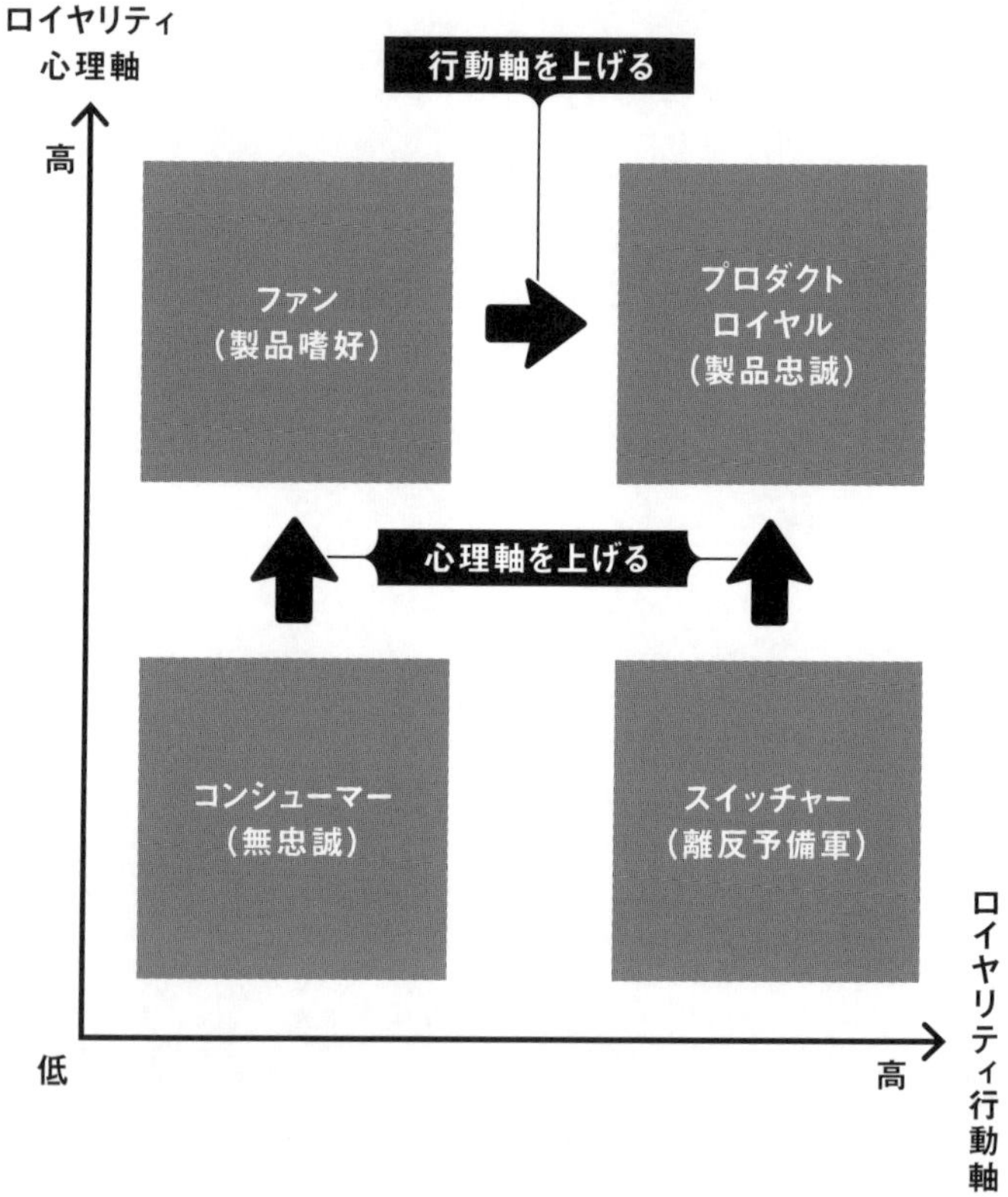

行動軸を上げるためのコミュニケーション戦略

行動軸を上げるためには、「行動喚起戦略」「ポテンシャル拡大戦略」「利便性拡大戦略」の3つが有効です。顧客セグメントでいえば、心理軸はとても高いのに、行動軸が低いファン層（製品嗜好）の顧客ロイヤリティを高めるのに効果的です。

【行動喚起戦略】

期間限定・顧客限定の割引などにより行動喚起を行います。顧客が購入している製品やサービスと関連性の高い商品を紹介することも効果的です。顧客ロイヤリティが低い、特に心理軸が低い場合は、製品やサービスの情報提供が逆効果になり、他ブランドへの離反につながるきっかけづくりになりやすいのですが、ファン（製品嗜好）のように、心理軸がとても高いのであれば、他ブランドの類似品と比較しようとは考えないので、有益な施策といえます。すべての顧客に対してではなく、「お客様限定」といった、特別感にも心をくすぐられやすいのです。

①期間限定値引き／ターゲット限定の値引きも可能

②無料トライアル／新商品の貸し出しなどを行い、使用しやすい環境をつくる

【ポテンシャル拡大戦略】

製品やサービスカテゴリーそのものへの関心度や関与度を高めるために実施します。関心度や関与度を高めることで、カテゴリーへの利用料金の拡大を図ります。

①信頼できる相手からの、自分に合った商品のおすすめ／企業やオーソリティ（専門家）から、購入商品と組み合わせの良い商品をすすめる。特に既存商品の機能的価値や情緒的価値を上げる効果のある商品をすすめる

②カテゴリーにかける費用を拡大しポテンシャルを上げるためのコミュニケーションコンテンツの提供

・オケージョンの提示

商品を使うシチュエーションやTPOを紹介し、利用頻度を高める。利用頻度が上がれば、そのカテゴリーへのポテンシャルも向上する。

・**カテゴリーへの嗜好性を上げるコンテンツの開発**

商品を軸にイメージを広げ、カテゴリーを拡大する。他業種とのコラボレーションや他ジャンルでの活用方法などとからめて。

・**エバンジェリスト（伝道者）の活用**

その製品やサービスカテゴリー内のエバンジェリストを紹介しつつ、そのフォロワーを教育していく手法。エバンジェリストにあこがれたフォロワーが、そのカテゴリーの魅力を理解し、自身のポテンシャルを上げることにつながる。エバンジェリストは、自社製品の愛用者であれば、より説得力を増すことができる。

【利便性拡大戦略】

商品の購入のしやすさ、サービスの利用のしやすさの向上に取り組み、顧客に利便性を伝えていきます。

①販路の拡大／購入可能場所、利用可能場所の拡大
②通販の開始／通販や定期便サービスを実施し、簡単にオーダー・決済・入手できる仕組みを整える

心理軸を上げるためのコミュニケーション戦略

心理軸を上げるためには、「関係構築戦略」と「付加価値戦略」のふたつが有効です。基本的な方針としては、顧客との関係性を深めるコミュニケーションを取る必要があります。顧客の多くがコンシューマーというセグメントから優良顧客へと成熟していくことが想定されます。コンシューマーは行動ロイヤリティも心理ロイヤリティも低いですが、顧客ロイヤリティを醸成するには、心理ロイヤリティを上げていくことが最優先です。

【関係構築戦略】

まずは、購入に対する感謝を顧客に伝えましょう。

特に初めて製品やサービスを購入した顧客に対しては、感謝の気持ちと、これから末永くよろしくお願いしますという気持ちを込めて、「ウェルカムキット」のようなツールの開発が必要です。同梱される「サンキューレター」には担当者、事業部長、企業のトップの手書きサインなどを入れましょう。手書きサインの相手を顧客が知らなくても構いませんが、企業自体から送られてきたのではなく、企業の中の特定された個人から送られてきたほうが、受け取った側には響きます。特定の人物から直接「ありがとう」と言われたほうが、人工的ではない人の温もりのようなものを感じるので、そこに1対1のコミュニケーションを感じることができます。

これはメールマガジンなどにも応用できます。誰が出しているのかわからないよりも、「編集部の○○が発行しています」と明記したり、編集者が顔を出すほうが、編集者の人となりがイメージでき、親近感がわきます。そうやって日頃から、企業側の人間が顔を出していると、イベントを開催したときなどに、「編集部の○○さんだ」と初めて会えた喜びや驚きが、企業やブランドに対する愛着に変わる顧客も多いのです。ファン心理を上手に育てましょう。

【付加価値戦略】

製品やサービスを購入いただいた後も、企業やブランドの価値を再認識してもらうために、製品やサービスの特長や、他ブランドに対する優位点を伝え続けることが大事です。スマートフォンはわかりやすい例ですが、電化製品などにマニュアルが付属されていないことが増えました。操作に困ったときは、ウェブサイトで使用方法を確認できるし、ユーザビリティに優れているということですが、マニュアルがなくなったということは、単に使用方法を伝えるだけでなく、企業やブランドの特長や魅力を伝えるコンタクトポイントがひとつ減ったということもできます。ウェブサイト上のコンテンツやメールマガジンなど他のコンタクトポイントでカバーしましょう。

・ブランドの良さを伝える

USP＝企業独自の強みに対する理解を促進する。

・正しい使い方を伝える

正しく使うことで十分に付属機能をいかせる→商品に対する満足度が上がる。

・購入商品の評価（くちコミ）

オーソリティや芸能人など一定の知名度のある人から評価されていると、自分が購入したものは正しかった、自分は目利き力が高いと自己承認欲求が満たされる。

・**テスティモニアル**
　お客様の声。実際に製品を愛用している人の利用実感を伝える。

・**開発秘話**
　製品やサービスの背景を知らないで購入している人は多い。購入後に伝えることで、製品やサービスに対する愛着を育てる。

・**アフターサービスの紹介**
　保証期間、修理対応、コールセンターの紹介など、サポートの手厚さを伝える。

・**顧客の声を聞く姿勢をアピール**
　顧客の声を反映して、商品開発を行ったなど、声を上げれば届くという企業姿勢を伝える。

ロイヤリティの高まりやすい顧客とは

コンテンツは自分との関連性＝レリバンシーが高まるほど興味を持ちます。アンケート調査を行うと、レリバンシーが高いほど、心理軸も行動軸も動かされやすいという傾向が顕著に出てくるので、レリバンシーの向上を狙ってコンテンツづくりを行いたいところです。

そのためには、やはり顧客の特性を理解する必要があります。顧客セグメントをベースにしながら、顧客のライフステージ別や、趣味別にコンテンツを展開していくと良いでしょう。アンケート調査で、顧客のライフステージや趣味などを引き出せていれば、コンテンツの味付けがしやすくなり、興味を持ってもらえるコンテンツが作成しやすくなります。

左上図はある外資系化粧品メーカーの顧客を対象にアンケート調査を行ったものです。「ＨＩＧＨ」「ＭＩＤＤＬＥ」「ＬＯＷ」「ＮＥＧＡＴＩＶＥ」は、顧客の心理ロイヤリティの区分です。心理ロイヤリティ計測・分析を行った結果で、顧客ロイヤリティの高い「ＨＩＧＨ」から、企業やブランドに対して少しばかり不満を抱いている「ＮＥＧＡＴＩＶＥ」までを左軸に並べています。それぞれの顧客の層を顧客のタイプによって4つのクラスターに区分しました。これは「年齢」や「職業やライフステージ」「化粧品に対する関与度」「基本性質」「コミュニケーション性向」といった質問を重ねることで見えてきます。「製品にこだわりがある」だとか、「新しいモノへの感度が高い」と

ロイヤル化しやすいタイプの特徴

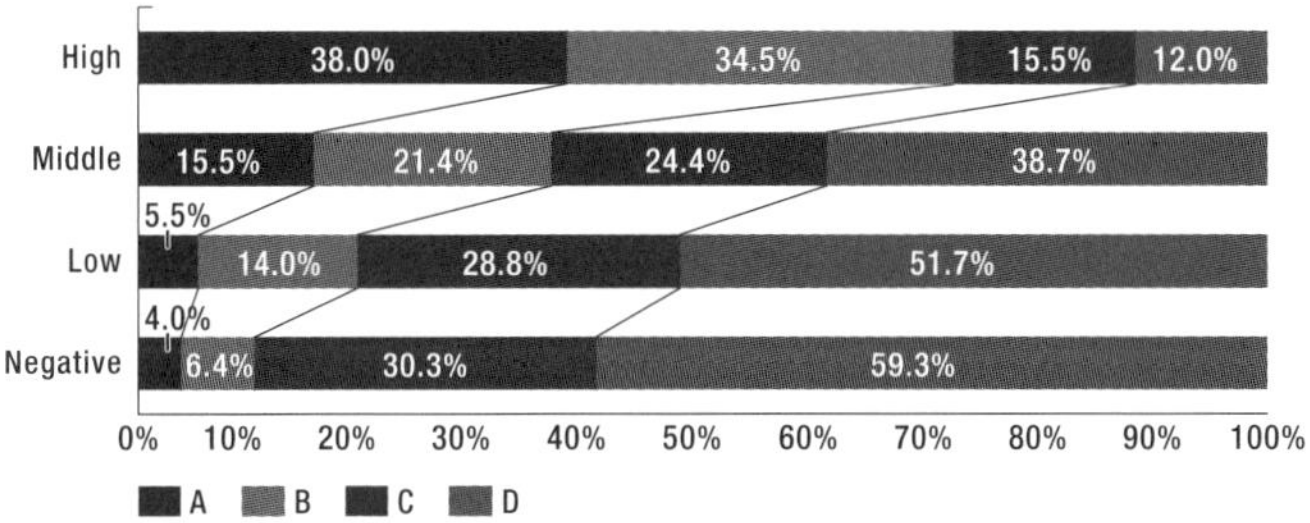

タイプAの特徴

タイプA	プロフィール		
ポテンシャル	年間18.8万円	化粧品関与度	情報感度が高く、知識が豊富、
年齢	20代～30代		製品にこだわりあり
職業	有職者	性格	新しいモノへの感度が高い
ライフステージ	DEWKSが多い		交友関係が広い
基本性質	アクティブ、イノベーター気質		くちコミの影響を受けやすい

マーケティングミックスの重視傾向

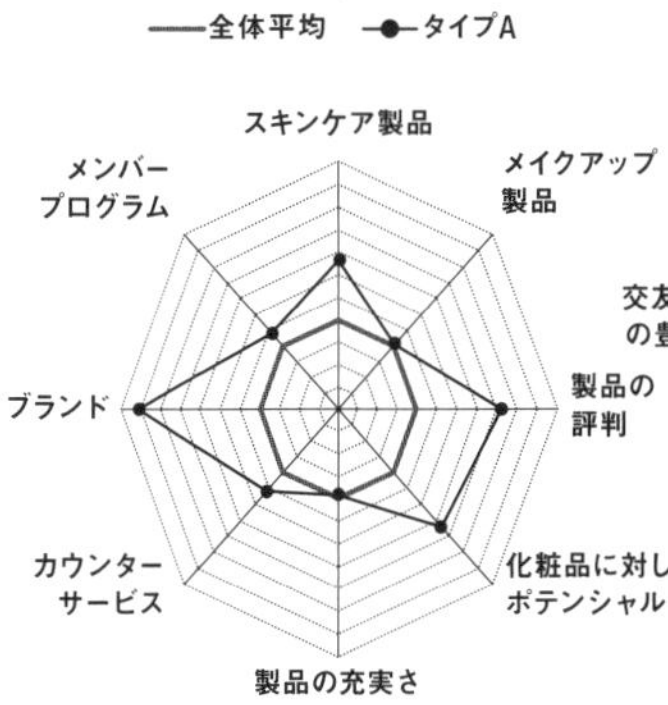

コミュニケーション性向

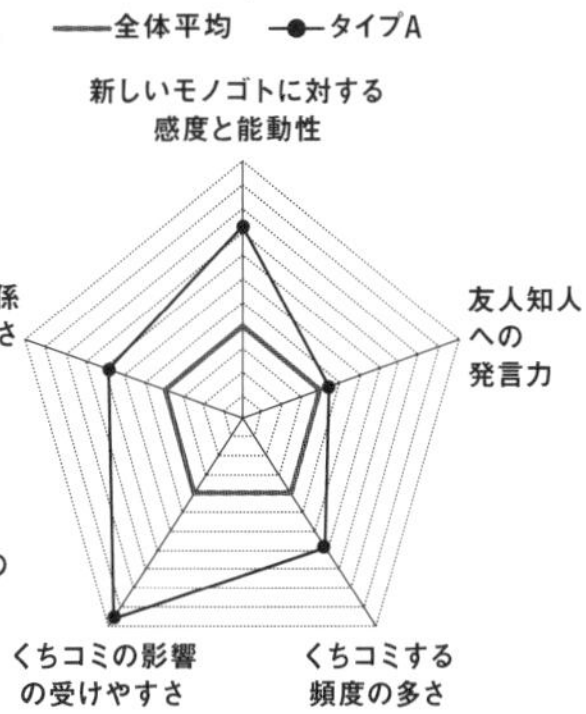

いったことが、判断基準になっていきます。

この図を見ると、顧客セグメントの中で一番の優良顧客である「プロダクトロイヤル」になりやすいタイプの顧客は、タイプAとタイプBであると判断できます。つまりタイプAやタイプBの人たちに好まれそうな内容のコンテンツを展開していくと、顧客ロイヤリティを高めることにつながり、結果として優良顧客が増えるということです。

顧客ロイヤリティの高まりやすい顧客像は、顧客の性別・年齢・住んでいる地域・職業といった人口統計学的属性である「デモグラフィック」や、ライフスタイル、行動、価値観、個性、購買動機といった心理学的属性である「サイコグラフィック」の両方の視点から浮き彫りにしていきます。

前ページ下図では、タイプAの特長をさらに細かく、性格やその傾向を基に分析しています。例えばタイプAは、20代~30代のDEWKSが多いことが分かり、年間の化粧品に掛けるポテンシャルが高く、ブランドイメージやスキンケア製品の品質を重視する傾向が強いことがわかります。またコミュニケーション性向においては、交友関係が広いことや、くちコミの影響を受けやすく、自分自身もくちコミを積極的に行っていることがわかります。高級なブランドイメージを崩すことのないように、例えば有名モデルの利用実感（くちコミ）などのコンテンツを提供すると、ブランドに対する憧れとともに利用者の心理軸が上がり、優良顧客へとステップアップしやすくなります。

タイプCとタイプDが、優良顧客になる確率が低いからといって、対処しなくてもいいというわけではありません。そこはバランスを見極めていく必要がありますが、顧客ロイヤリティを高めていくために、どこから着手するのかという優先順位を決めるときなどに、ひとつの指針となるはずです。

ブレないためのカスタマージャーニー

各顧客セグメントに適したコンテンツを作成するためには、設計図を作成する必要があります。最初はこんなコンテンツにしたいと、あれこれアイデアが出ているのですが、制作やCRMのプロジェクトが進んでいく中で、方向性がずれてしまうことはよくあることです。「ターゲット」「ペルソナ」「インサイト」「何を目的にしたコンテンツなのか」「顧客に何をさせたいのか（行動喚起）」「顧客にはどんなメリットがもたらされるのか」などを、コンテンツ作成に入る前に、明確にしておきます。さらにカスタマージャーニーマップを作成し、ＣＲＭのＰＤＣＡがちゃんと回っているのかどうかを確認しながら、顧客ロイヤリティを高めていくための施策を継続していきます。

マーケティング戦略の構築を経験したことのある人ならば、カスタマージャーニーはすでになじみのあるものではないでしょうか。カスタマージャーニーとは、ペルソナ（自社の製品やサービスを購入する顧客の属性を定義したもの）が製品やサービスを購入するまでのプロセスのことです。そのプロセスを図やイラストを使って見える化したものは、カスタマージャーニーマップと呼ばれています。

企業と顧客とのコンタクトポイントが多い現代では、顧客がどのようにコンタクトポイントにたどり着き、他のコンタクトポイントを行き来しながら、購入に至るのかを分析し、コンタクトポイントの交通整理をしておかないと、「使いにくい」「欲しい商品がどこにあるのかわからなかった」と思われ、機会損失を招くことにつながります。テクノロジーの進歩により、どんどん進化するマーケティングオートメーションツールを使用することで、顧客の行動を精度高く想定・予測することができるようになりました。カスタマージャーニーマップも作成しやすくなったのではないでしょうか。

カスタマージャーニーマップを作成する際に、売り手側ではなく、買い手である顧客の視点に立って見ることで、企業ではなく顧客にとって良いコミュニケーション、今流行の言葉でいえば「顧客ファースト」とは何かを考えるきっかけになります。営業、サポート、開発など施策に関わる多くのメンバーとも共通認識ができるので、目指している方向性がブレないための指針にもなります。展開するコンテンツの内容が、顧客セグメントを意識したものであったとしても、どのタイミングでどんな内容のコンテンツを訴求するのかも成果を出すためには重要です。そこでコモンズもクライアントと共にカスタマージャーニーマップを作成し、状況の把握に役立てています。

カスタマージャーニーマップといえば、新規顧客獲得に向けた消費者を対象にしたものという印象が強いと思います。ですがＣＲＭを実施していく場合は、顧客になった後のことを想定したカスタマージャーニーマップが必要です。

例えばペルソナを30代前半の男性と設定します。

その男性が初めてビデオカメラを購入したのは、自分の友達が結婚したタイミングだとします。これまでは映像を撮影するといっても、簡単にスマートフォンでさっと撮影する程度でした。しかし友達の結婚式で２次会の幹事を任された男性は、結婚式から２次会までをちゃんとした映像として残したいと思いました。

購入してみると、ビデオカメラの性能が良く使いやすかったので、海外に旅行に行くなどする際には使っていましたが、それでも回数は限られていました。しかしビデオカメラの使用頻度が上がるタイミングがやって来ます。それは男性の結婚と、子どもができたことです。幼稚園から小学校、子どもの学校行事には積極的に参加して、映像を残しました。使用回数が増えると、ビデオカメラを固定する三脚が欲しくなり、さらに最初に購入したビデオカメラは古くなってしまったため、最新機種に買い替えました。すると今度は、デジタルカメラでも映像が撮影できる機種があることを知り、今まで学校行事に参加する際には、ビデオカメラとデジタルカメラの両方を持参していたのに、ひとつで済むなら便利だと思うようになり、奥さんに相談して冬のボーナスで購入することにしました……といった具合に、その人が生涯にわたって、どんなタイミングでビデオカメラを買うきっかけがあるのかをイメージし、実際に購入してもらってからはどんな用途があるのかを考え、周辺機器にも興味を持ってもらうためには、どんな情報をどのようなタイミングで提供していくのが効果的なのかを考えることが大事です。

相当先の長い話のように聞こえるかもしれませんが、カスタマージャーニーマップを作成して、ペルソナのライフステージまで踏まえた人生の流れをイメージしておけば、これから1年後、5年後にどんなコミュニケーションを取るべきなのかが見えてきます。また1年後、5年後にどんな関連商品があったら、ペルソナが買いたいと思うのか。商品開発のヒントまで得られるでしょう。ライフステージや世代によって、顧客が欲しいと思う商品や、その商品が備えている機能は違います。例えば化粧品などは、その最たるもので、年齢を重ねることで悩むことが変わり、その悩みも複合的になっていきます。若い時は、美白や毛穴を隠すなど、より美しくという点を追求していきますが、40代50代となってくると、アンチエイジングという老化を防ぐことが目的になってきます。そういった顧客の製品やサービスに対する要望を、カスタマージャーニーマップを作成して、想定しておくととても役に立ちます。

ノンアクティブユーザーの再活性化

いくらコンタクトポイントを数多く準備しても、「ネットショップが使いにくい。目的の商品が見つかりにくい」「必要ない情報ばかり送られてくるからメールマガジンは受け取りたくない」といった様々な理由で、顧客から拒否されてしまったコンタクトポイントを再活性化させるのは、とても困難です。だからこそ顧客にとって、各コンタクトポイントが有益であり、魅力のあるものであり続けるように気を配らないといけません。製品やサービスの魅力もさることながら、コンタクトポイントが充実し、顧客を満足させる情報提供が行われていなければ、優良顧客は育っていきません。

しかし一度は気持ちが離れてしまった顧客であっても、自分の役に立つ情報や、楽しめる情報が得られるんだと再確認すれば、今まで拒絶してきたコンタクトポイントに対する認識が変わることもあります。認識を変える方法は3つです。

①顧客にとって不必要な情報を、徹底して排除する
②コンタクトポイントを変える
③形状を変える

①の「顧客にとって不必要な情報を、徹底して排除する」は、コンテンツのつくりこみを行う過程で取捨選択していきます。コンテンツを展開した後にアンケート調査を行い、反響を見ながら内容を調整していきます。

しかし、この方法では、コンタクトポイント自体に見向きもしなくなった顧客を振り向かせるのは困難です。そこで「コンタクトポイントを変える」という②の方法を選択してみましょう。これはメールマガジンで送っていた情報をそのままDMなど他のコンタクトポイントに変えて、情報を届けるという手法です。「役に立たないからメールマガジンは見ない」と、メールマガジンというコンタクトポイントを無視していた顧客も、違うコンタクトポイントには興味を示すということがあります。送られてくる情報ではなく、コンタクトポイントの種類で、自分にとって必要なのか・不必要なのかを判断している顧客は意外に多いので、効果的です。

①も②も実行してみた。それでもあまり効果がなかったとしたら、③の「形状を変える」を試してみます。これはDMやチラシなどのデザインを変えることです。例えば「イベントの告知」「新商品のお知らせ」など、何を伝えるのかによって、ある程度デザインのフォーマットが決まっているのではないでしょうか。毎回同じデザインを使用していると、そのデザインを見ただけで、顧客は視覚的に「毎回送られてくるイベントの告知だな。自分には必要ない」と判断します。郵便物の封を開けずに、そのままゴミ箱行きという悲惨な結果を回避するために、視覚的な工夫を重ねてみるのも手です。

何度もいいますが、ノンアクティブをアクティブに戻すのは、新規顧客を獲得するよりも難しいと覚悟してください。そのための顧客セグメントに合わせたコミュニケーションを大切にすべきなのですが、それでもノンアクティブになる顧客は一定数います。①・②・③を実施しても、あまり効果がなかった場合はどうすればいいのでしょうか。

その際のコミュニケーション手法としておすすめしたいのが、ポイント制度の活用です。ポイント制度の活用と聞くと、値引きに直結すると思われる方が多いかもしれません。しかし値引きは、企業の利益を下げることになるので、積極的に実施する必要はないとコモンズは考えています。値引き以外の活動へのポイント利用を促進すべきです。

値引き以外の活動へのポイント利用として有効なのは、オリジナルグッズのプレゼントや、新商品のお試しサービス。あるいは顧客限定のイベントへの招待です。しばらく商品を購入していなかったけれど、たまっていたポイントでオリジナルグッズがプレゼントされるなら、まあもらって損はないでしょう。顧客にとっても心理的ハードルが低く、受け入れやすいのです。

顧客ロイヤリティが高い会員組織を形成しているならば、ネームタグが入ったオリジナルグッズがもらえるなどすると、一気に顧客ロイヤリティの心理軸が上がったりします。単純に顧客は値引きが一番嬉しいと決めつけないことです。イベントなどで企業の姿勢を見せることが、「もっとこの企業を応援したい。だから商品を買う」という顧客ロイヤリティを高めることに寄与することは、たくさんあります。

あるいは久しぶりに店舗に来店した顧客に、新しいテーマのメールマガジンができたと告知し、受け取りを促すということもできるでしょう。メールマガジンから遠ざかっていた顧客にもう一度メールマガジンに興味を持ってもらうきっかけを、店舗という別のコンタクトポイントで演出することもできるでしょう。

いずれにしても、ノンアクティブをアクティブに戻すのは、新規顧客を獲得するよりも難しい。けれど諦めないで、地道な改善を繰り返すことが、顧客とのコミュニケーションを円滑にしていく秘訣です。

顧客とのコミュニケーションの成果を計測

顧客セグメントや、行動ロイヤリティ・心理ロイヤリティに合わせたコンテンツで、最適なコミュニケーションを図った後は、成果を確認し、改善点を洗い出しながら、より良いコンテンツへと成熟させていく必要があります。顧客とのコミュニケーションに終わりはないので、一連の取り組みをPDCAサイクルに落とし込んでいきましょう。

チェック項目には、特段決まりはありませんが、参考としてコモンズで実施しているCRMプログラムのチェック項目を参考に載せておきます。

コモンズのCRMプログラム実施時のチェック項目例

・**メールマガジンの開封率**：HTML形式でのメール配信の場合の開封率

件名などにより開封率は変化しやすいので、ABテストなどを実施しより効率の高い件名を開発するようにしています。

・**クリック率**：メールマガジン内のリンクのクリック率

・**サイト内での滞在時間やセッション数**：リンクをクリックされた方のサイト内の滞在時間やセッション数

・**アクティブUU数**

毎月の目標を設定してコミュニケーションを実施しています。

・**製品購入金額**：1コンテンツ（1メールマガジン）あたりの製品購入金額

オンラインショップを併設している場合、そのコンテンツにより、どれくらいの金額を購入しているかを計測しています。

・**コンテンツの満足度**

作成したコンテンツの満足度をアンケートで収集。翌年以降のコンテンツ開発の優先順位付けなどの参考にしています。

・**心理ロイヤリティへの貢献度**

1年に一回、CRMプログラム自体のロイヤリティ調査を実施しています。そのロイヤリティ調査で、企業に対する心理ロイヤリティを計測。コンテンツ接触者と心理ロイヤリティの相関関係を計測しています。

コンテンツごとの効果測定事例について

次ページの図はコンテンツの評価についての一例です。

コンテンツの満足度を縦軸に、心理ロイヤリティ向上への影響度を横軸に取っています。これをベースに1年間のコンテンツの評価を行っています。

調査によりロイヤリティ向上に寄与するコンテンツを導出

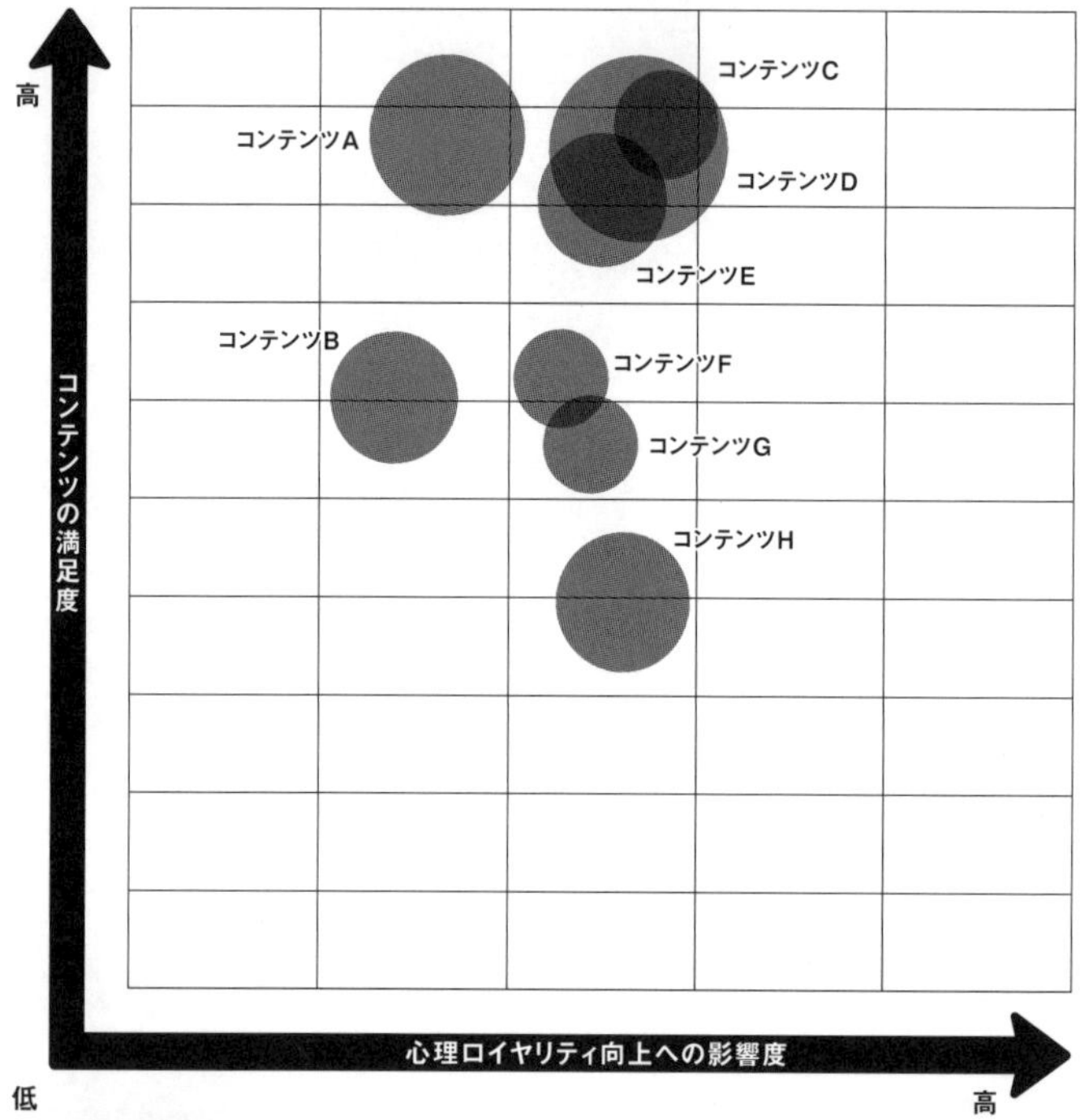

さらに……　会員の属性・タイプ別に分析
⇒「誰に何が効く」のかを導出

例えば、「右上に集まっているコンテンツC・D・Eは、コンテンツへの満足度が高く、心理ロイヤリティ向上への影響度も高い。次年度以降のコンテンツ開発方針として、このコンテンツC・D・Eに似たようなコンテンツを開発して、会員に提供していく」といった具合です。

一般的な新規獲得単価 vs LTVをもとにした売り上げ見込み

広告の費用対効果を計測するのにはCPAが一般的です。例えば100万円の施策で50人の新規顧客を獲得したとすればCPAは2万円になります。また、同じ100万円の施策でも100人の新規顧客を獲得すればCPAは1万円となり、後者の施策のほうが優れていたことになります（次ページ図）。コモンズではここに疑問をもっています。

というのも、獲得した顧客の中には様々なロイヤリティレベルの人が含まれることが考慮されていないからです。前述の例のように50人しか獲得顧客がいなかったとしても、その顧客が平均してロイヤリティが高かったとしたら、長い目で見れば売り上げが高くなる可能性があるのです。

CPA vs LTV

新規獲得単価
CPA

→

LTVをもとにした
売り上げ見込み

施策A
（100万円）
50人
CPA＝2万円

	LYレベル振り分け人数		LYレベル別年間平均利用額		売り上げ見込み
LY高	30人	×	10万	＝	300万
LY中	20人	×	5万	＝	100万
LY低	0人	×	1万	＝	0万
					400万

施策B
（100万円）
100人
CPA＝1万円

	LYレベル振り分け人数		LYレベル別年間平均利用額		売り上げ見込み
LY高	0人	×	10万	＝	0万
LY中	20人	×	5万	＝	100万
LY低	80人	×	1万	＝	80万
					190万

※LY＝ロイヤリティ

コモンズでは、顧客が商品を購入した際にロイヤリティの計測を行うことで、中長期的な売り上げの見込み（ＬＴＶ）にまで情報を昇華させます。このような目線で調査をすると、漠然と新規顧客を集めることよりも心理ロイヤリティの高い新規顧客を集めることのほうが重要であると身に染みるはずです。

第3章

優良顧客を味方にする

優良顧客は普通の顧客以上に企業にとってメリットをもたらす、企業にとっての資産となり得ます。ここでは顧客を優良化するためのコミュニケーション方法について解説していきます。

Theme

拘束時間も長いのに、なぜお客様がこんなにも協力してくれるのか？

あるクライアントに依頼され、優良顧客を招いたイベントを開催することにしました。

そのイベントはクライアントの社内のイベントスペースで行う新商品の発表会もかねていますが、トップクラスの販売員を講師に迎え、商品知識のレクチャーを実施し、「自分が販売員だったら、こんなふうに商品をアピールする」といった気づきを顧客に発表してもらうというセミナー形式にしました。

コモンズが新商品発表会＋セミナーという形式のイベントを企画し、クライアントに提案したとき、クライアントの反応は良くありませんでした。

「お客様には謝礼は出せないのに、誰が来てくれるんでしょうか？」

「優良顧客にさらに商品の勉強をしてもらうなんて、失礼じゃないか？」

「ホテルのレストランを貸し切って、パーティーを開いたほうが喜ばれるのでは？」

しかし結局はコモンズが提案した形式で社内でイベントを実施しました。もちろん優良顧客に大変好評で、「自分の好きな企業の社内に入れてうれしかった」「いろいろな立場の社員の方々と触れ合えてうれしかった」「トップクラスの販売員と商品について話すことで、自分の知識も深まった」「友達にどうやって話したら、この商品の良さが伝わるのかがわかった」といった感想が寄せられました。

丸1日かけて行うセミナーですが、参加者に謝礼が出るわけでも、豪華な食事でもてなされるわけでもありません。それでも新幹線を利用しなければ参加できない遠方にお住まいの優良顧客も参加され、「次回も参加したい」と言って帰っていかれました。

何か特別なメリットがなければ、顧客に動いてもらうのは失礼だ。そもそも協力してくれるわけがない。企業側はそんなふうに思い、顧客をもてなすことこそが喜ばれると思いがちです。しかし企業やブランドを心底愛している顧客には、ブランドの一員になれるような体験が喜ばれるのです。

企業やブランドを愛する真の優良顧客の「愛」の深さを信じることができない企業は、顧客を失うことになります。

ロイヤリティ・ジェネレーター

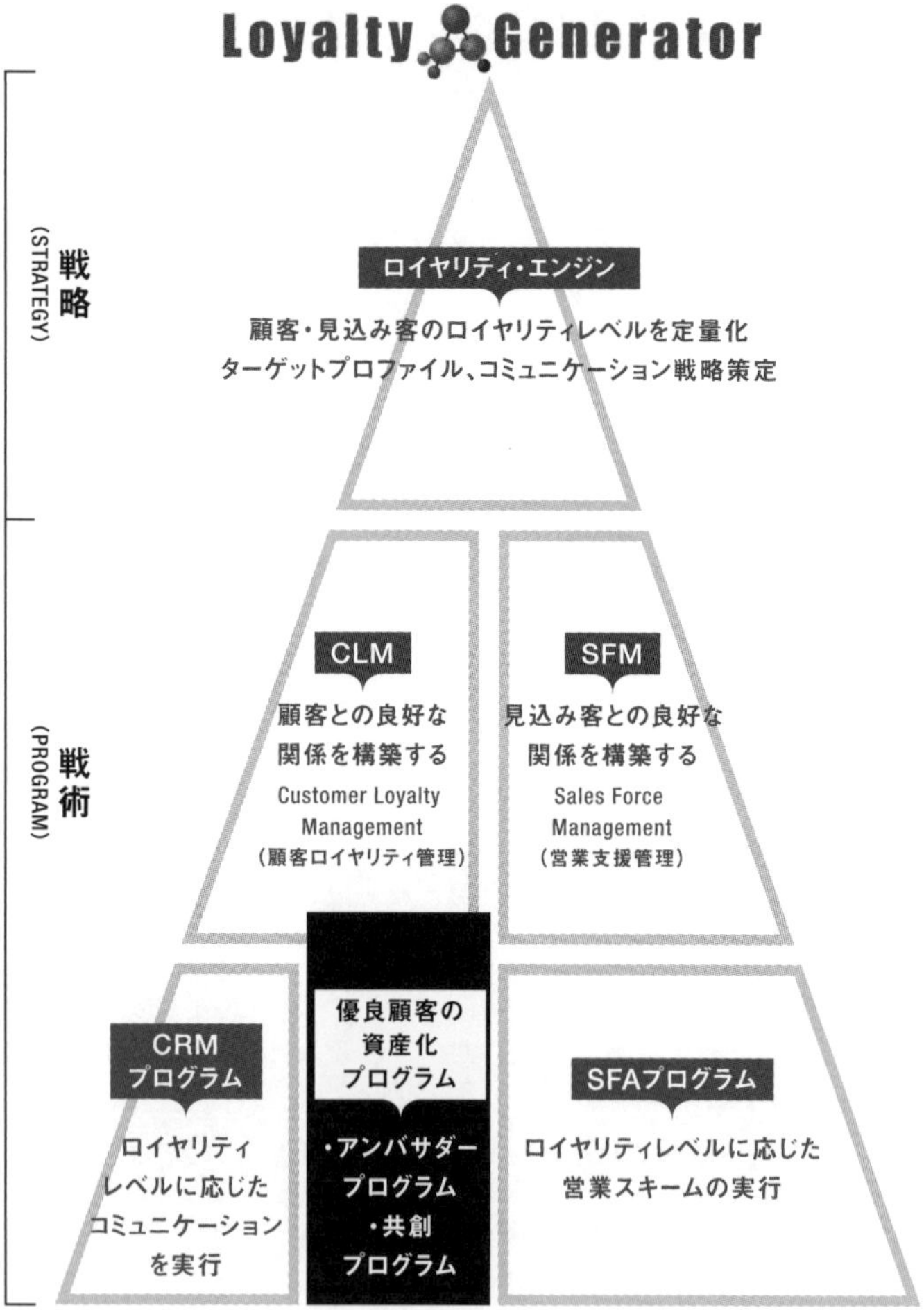

優良顧客を、わが社の最高のセールスパーソンに

アメリカの経営学者、フィリップ・コトラーも顧客の発言力の高さについて指摘していますが、「企業の優良顧客は、最高のセールスパーソンである」という考え方に異論はないでしょう。第1章で顧客のセグメントについて説明しましたが、行動軸も心理軸も高いプロダクトロイヤルに属する顧客は、企業にとってまさに優良顧客であり最高のセールスパーソンになってくれる顧客でもあります。第3章では、その優良顧客に最高のセールスパーソンになってもらい、企業の資産として活躍してもらう方法をお伝えしていきます。

次ページの図は、ヘアケア商品を展開するメーカーの顧客に対してアンケート調査を行った結果をまとめたものです。消費者の行動フェーズを左側にまとめていますが、日頃からどういう情報に影響を受けている（受動フェーズ）のかという問いに、「家族や友人・知人のすすめ」と答えたのは全体の32・1％で3位、「レビューサイト」と答えたのは22・8％で9位。新しいシャンプーやリンスを購入するときに、「この商品がいいか

くちコミの有効性

受動フェーズ

n=215

1	テレビCM・番組	88.8
2	店頭の商品自体やパッケージ	33.0
3	家族や友人・知人のすすめ	32.1
4	試供品やサンプル	27.9
5	雑誌の記事	25.6
5	店頭の棚などに貼ってある商品説明(POPなど)	25.6
7	インターネットの広告	24.7
8	雑誌の広告	23.3
9	レビューサイト(@cosmeなど)	22.8
10	新聞の記事・広告	21.4

能動フェーズ

n=211

1	レビューサイト(@cosmeなど)	52.6
2	テレビCM・番組	51.7
3	試供品やサンプル	31.8
4	メーカーのwebサイト	31.3
5	家族や友人・知人のすすめ	28.9
6	店頭の商品自体やパッケージ	23.2
7	インターネットの広告	17.1
8	雑誌の記事	15.6
9	価格比較サイト(ケンコーコムなど)	15.2
10	雑誌の広告	14.2
10	SNSやブログ	14.2

決定フェーズ

n=209

1	店頭の商品自体やパッケージ	60.3
2	店頭の棚などに貼ってある商品説明（POPなど）	50.7
3	店頭のイメージパネル	40.7
4	テレビCM・番組	30.6
5	試供品やサンプル	28.7
6	店頭のリーフレット（小冊子）	27.8
7	店頭でのプロモーションCM・ビデオ	25.4
8	家族や友人・知人のすすめ	12.0
9	レビューサイト（@cosmeなど）	8.1
10	インターネットの広告	7.2

な」と思う（能動フェーズ）のも、「レビューサイト」に影響を受けている人が全体の52・6％で1位、「家族や友人・知人のすすめ」は28・9％で5位となっています。そしてシャンプーやリンスを選んで購入する際（決定フェーズ）、「家族や友人・知人のすすめ」が全体の12・0％で8位、「レビューサイト」が8・1％で9位という結果になりました。このアンケート調査から見ても、くちコミが果たす役割はとても大きいということがいえます。

昨今はSNSなどに投稿されたくちコミをひとつの判断基準としている消費者はたくさんいます。企業から頼まれたわけでもないのに、自分が気に入った製品やサービスを、写真と愛情のこもった文章で紹介している様子をよく目にします。くちコミが一定の力を持つ時代だからこそ、自分たちの製品やサービスを愛用している優良顧客からの推薦の言葉は、消費者に説得力を持って伝わるのでしょう。

セールスパーソンが十分に足りているといえる企業は皆無に等しいはずです。優良顧客がセールスパーソンになってくれたら心強いですが、ではどうやってセールスパーソンになってもらうのか。つまり、企業と顧客の関係から一歩踏み込んで身内になる。顧客に企業側の人間になってもらうための方法はふたつあります。ひとつはアンバサダー（親善大使）になってもらうこと。そしてもうひとつは、共創パートナーになってもらうことです。アンバサダーと共創パートナーは、似ているようで役割は違います。また単に顧客ロイヤリティが高いだけでなく、顧客の素養によっても向き・不向きがあります。

そもそもくちコミとは？

ロイヤリティの高い優良顧客にセールスパーソンになってもらう施策について具体的に説明する前に、くちコミについて、整理しておきます。くちコミとはマーケティング用語で「Word of Mouth」。WOMと呼ばれています。くちコミは、くちコミの担い手によって特徴や役割が変わってきます（左図）。担い手は3タイプあります。

・オーソリティ（権威者、専門家、著名人等）
・コミュニティ・エフェクター（コミュニティ・リーダー）
・アンバサダー（優良顧客）

「くちコミ」の担い手（くちコミニスト）は3タイプ

	A. オーソリティ （権威者、専門家、著名人等）	B. コミュニティ・エフェクター （コミュニティ・リーダー）	C. アンバサダー （優良顧客）
特徴と役割	消費者全般に対して、製品・サービスのベネフィットを的確かつ、信憑性をもって提供する。	趣味・嗜好や属性のつながりから成るコミュニティに属し、コミュニティ関与者に対して影響力を持つ存在。 コミュニティ・エフェクターに製品・サービスの話題（ベネフィット等）を投げかけることで、コミュニティ関与者に製品・サービスを浸透させてくれる。	製品・サービスに対する高いロイヤリティが原動力となり、自発的に推奨をしてくれる。 アンバサダーのくちコミは、見込み客が聞いてみたい実利用者の声といえる。
適した“くちコミ伝達タイプ”	ベネフィット訴求型	話題提供型	体験提供型
見込み客に対する態度変容効果（一般的）	～前期理解 認知・興味喚起 → 前期理解	～前期・後期理解 認知・興味喚起 → 前期理解 → 後期理解	～クロージング 認知・興味喚起 → 前期理解 → 後期理解 → 確信 → 購買

まずオーソリティは、業界やエリアの専門家たちなので、専門家の観点から意見を述べることができます。「この商品の優れた点はここです」と明確に打ち出してもらえるため、ベネフィット訴求型のくちコミに向いており、顧客が興味のある商品だと、その内容はすっと入りやすくなります。

ふたつめのタイプはコミュニティ・エフェクターです。アルファブロガーやインフルエンサーと呼ばれる人たちが、ここに属し、あるコミュニティを統括しているリーダーのような役割を担っている人のことを指します。フォロワーに対して情報を拡散でき、情報が一気に広がります。「こんな商品があるよ」といった話題提供型のくちコミに向いています。ときにはイベントにコミュニティ・エフェクターを招いて、商品の感想を話してもらうこともあります。

3つめのタイプはアンバサダーです。もともと製品やサービスを利用している人の中から抽出した優良顧客に、製品やサービスをすすめてもらいます。コミュニティ・エフェクターは、もともと製品やサービスの利用者でない場合がありますが、アンバサダーは愛用者としての経験をもとに話してくれます。その言葉には説得力があるので、イベントなど、顧客と直接対話し「使ってみて」とすすめる体験提供型のくちコミに向いています。

以前、あるクライアントの施策で、コミュニティ・エフェクターに実際に新商品を使ってもらい、ブログやインスタグラムでその使用感を紹介してもらったことがありました。日頃からその製品やサービスを利用しているわけではなかったため、「効果はあるけれど、俺は買うかといえば微妙だな」といった率直な意見をくちコミされてしまいました。ブロガーやインフルエンサーは自分の体験や考えを投稿しています。自身の好みにフィットしないと、ポジティブな言葉は出てきません。

情報拡散という点だけで考えると、3つのタイプの中で、一番情報を届ける人数が多いのはコミュニティ・エフェクターでしょう。コミュニティ・エフェクターよりも専門性が高いオーソリティのほうが業界関係者などには情報拡散しやすいのですが、幅広い層にと考えると、コミュニティ・エフェクターのほうがインパクトは大きいように思います。ただ、例えばそのコミュニティ・エフェクターにアパレル系の情報を好むフォロワーが多ければ、アパレル関連の情報の拡散の威力は絶大ですが、グルメ系のテーマであったりすると、拡散の威力が小さくなってしまいます。つまり、得意なジャンルだからこその影響力というのがあります。

くちコミはタイプによってメリット、デメリットがあるのです。

先ほどコミュニティ・エフェクターは話題提供型、アンバサダーは体験提供型のくちコミに向いているとお話ししましたが、話題提供型のバイラル施策と、優良顧客によるアンバサダー施策では、得られる効果が違います(左図)。一定のスピード感を持って、一気に情報拡散したい場合、つまり短期的展開にはバイラル施策が向いています。ただし、話題になる期間が短く、商品への深い理解までは得にくいところがあります。一方のアンバサダー施策は、情報拡散に時間がかかるので中長期的な展開になりますが、じわじわと波及していき、実利用者の声は購買に結びつきやすいといえるでしょう。どちらが優れているという話ではなく、バイラル施策とアンバサダー施策をバランス良く実施することが、効果的なWOM施策につながります。

話題提供型くちコミと体験提供型くちコミの違い

Type1
話題提供型

バイラル施策（バイラル・マーケティング）　※バイラル＝感染的な

話題喚起をメインにした「くちコミ」施策。主にインターネット上で情報がウィルスのように拡がっていくことを狙ったマーケティング手法。

・くちコミニスト：「コミュニティ・エフェクター」あるいは「インフルエンサー」
・メリット・デメリット：短期的に・爆発的に「くちコミ」が波及する。ただし、理解・確信の効果が弱く、単体では実売に結び付きづらい。

Type2
体験提供型

アンバサダー施策　※アンバサダー＝親善大使

製品サービスに対する伝播力を持った高ロイヤリティ顧客をアンバサダーとして採用・組織化する手法。

・くちコミニスト：「アンバサダー」
・メリット・デメリット：クロージングに落とし込むことができる。また、顧客全体のロイヤリティを高めてくれる。ただし、中長期的な取り組みが求められる。

バイラル施策とアンバサダー施策の効果の違い

各施策は持続性（短期的／中長期的）に違いがあります。
2つの施策を同時展開することで「くちコミ」の相乗効果が得られます。

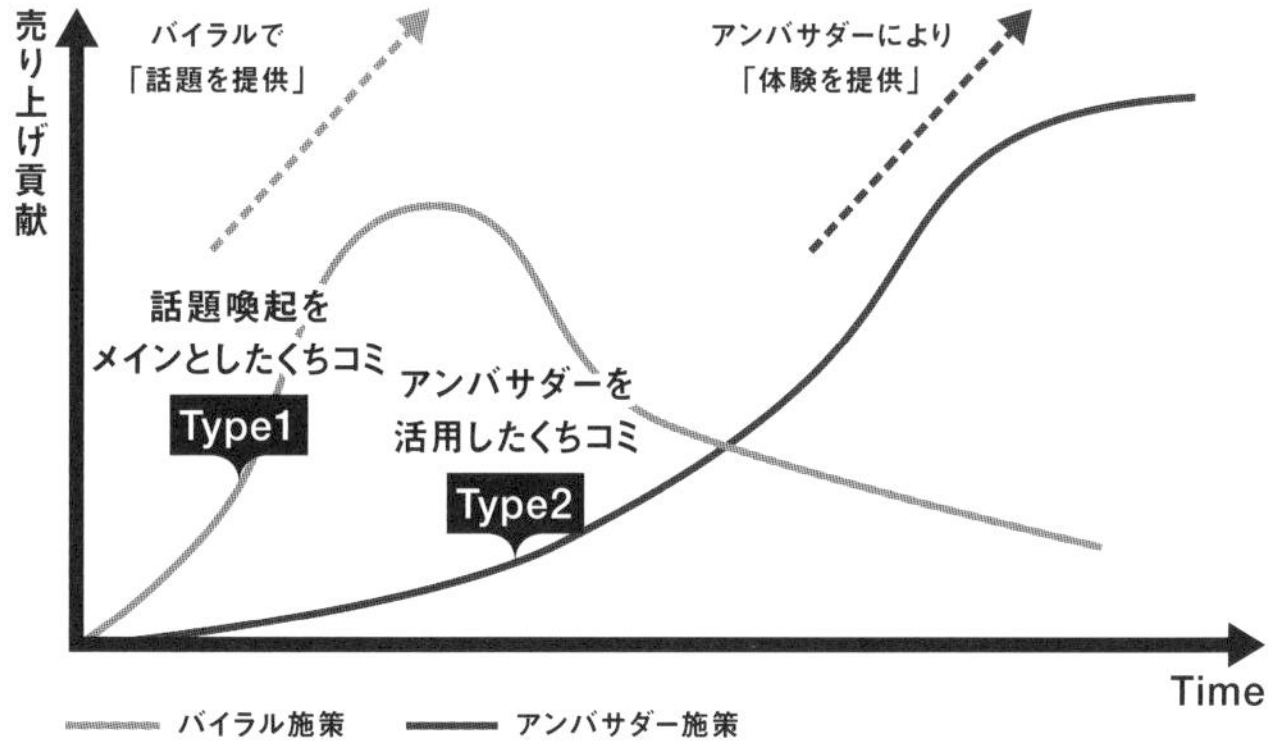

コモンズが考えるアンバサダープログラム(アンバサダー育成)

コモンズではロイヤリティの高い顧客をアンバサダーとして組織化するWOM施策に何度も関わってきました。

アンバサダーを活用することの何が良いかというと、人には「他人に何かをすすめるときは、下手なものはすすめられない」という心理があることです。

自分は愛用しているから、その製品やサービスが好きであることはいうまでもありませんが、「この人は、こういった商品に興味がないから、すすめないでおこう」「この人は絶対に気に入るからすすめたい」と、相手の立場に合わせて、すすめる・すすめないの選択をしてくれやすく、一方的な押し売りになりにくいと思っています。そこにあるのはやはり、「他人に何かをすすめるときは、下手なものはすすめられない」という心理なのです。

自分が良いと思った製品やサービスなので、何かしらイベントの場などを活用して人にすすめるという活動を行う以外にも、日常的に人にすすめることを、自然に継続していける人が多いという特徴もあります。つまりアンバサダーが増えていけばいくほど、伝わっていく情報量が相対的に増えていき、最終的には売り上げ貢献につながると考えています。

コモンズが考えるアンバサダープログラムは5つのステップで進めていきます（次ページ図）。

①高ロイヤリティ顧客からアンバサダーを発見、抽出する

アンバサダープログラムは、まずアンバサダーの候補者を見つけることから始まります。コモンズでは、既存顧客の中からアンバサダーにふさわしい人を調査ベースで抽出、優先順位付けを行っています。

アンバサダーに必要な条件は、大きく3つ。ひとつめは、行動ロイヤリティも心理ロイヤリティも高い人＝プロダクトロイヤル層に位置していること（候補者母数が目標に達しない場合、行動ロイヤリティが多少低くてもアンバサダー候補になりえる人は存在します）。

ふたつめは、「コミュニケーション素養が高いかどうか？」です。どんなにブランドを

アンバサダープログラムとは

製品・サービスに対する伝播力を持った高ロイヤリティ顧客を
アンバサダー(=親善大使)として採用・組織化する手法

①高ロイヤリティ顧客からアンバサダーを発見、抽出

- ロイヤリティリサーチ(顧客調査)実施
- アンバサダー適正判断(ロイヤリティ分析、クラスター分析他)
- 協力依頼

↓

②アンバサダーを組織化し、コミュニケーションスキルを上げる

- キックオフイベント等の接触機会で、施策内容への理解を促す
- トピックマニュアルによるコミュニケーションスキルの向上
- 活動に必要なツールの提供

↓

③アンバサダーと消費者との接点をつくる

- リアル、バーチャルで機会をつくる
- リアル=日常、イベント　等
- バーチャル=ファンサイト、ブログ　等

↓

④アンバサダーを管理する

- アンバサダー事務局が主体となり、施策全体をコントロールする
- ネガティブくちコミのチェックや、アンバサダーからの不満要望に対応

↓

⑤マーケティング活動としての目標設定と効果測定

- 施策全体の状況把握から、ROI評価まで定期的に観測を行いPDCAを実践

愛してくれる顧客でも、口下手だったり、友人や知人が少なければ、くちコミ効果が期待できなくなります。そのため、コモンズではこの「コミュニケーション素養」についてもアンケート調査で明確にしています。調査の中にその顧客の価値観や傾向を聞く設問を用意して、「友人、知人が多いか？」「周りの友人に相談されることが多いか」などを聞くことによって、コミュニケーション素養を見極めています。

3つめは、アンバサダーにすすめてほしいターゲット（新たに獲得したいと思う顧客層）に近い層を選ぶことです。ファミリーをターゲットとした商品であれば、アンバサダーにも家族があって、子育て中であったりすると、ターゲットに響きやすい言葉で、実感を込めて製品・サービス推奨を行ってくれるのです。

アンバサダー抽出のプライオリティ

アンバサダーはプロダクトロイヤル層から選定
人数が足りない場合などは心理ロイヤリティの高いファン層から補填

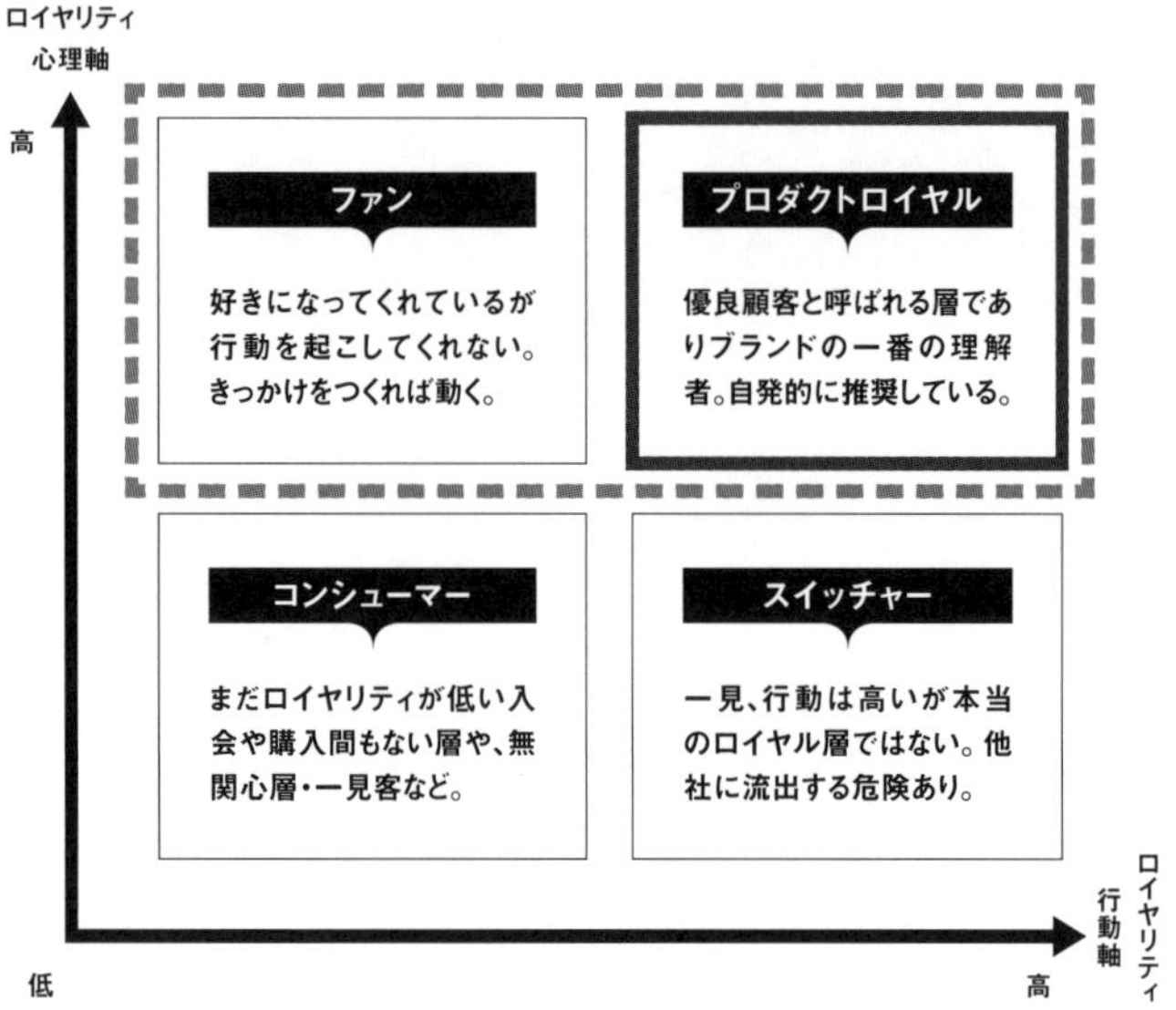

アンバサダーの素質の見極め方

コミュニケーション性向や価値観などを問う質問を聴取し、
いくつかのクラスタータイプを作成します。
そのうち、伝播力と波及力が高い人をアンバサダー資質があるとみなします。

	くちコミニストタイプ	エフェクタータイプ	内向的タイプ	不向きタイプ
基本性向	◎	○	△	△
伝播力	◎	△	○	×
波及力	◎	◎	△	×

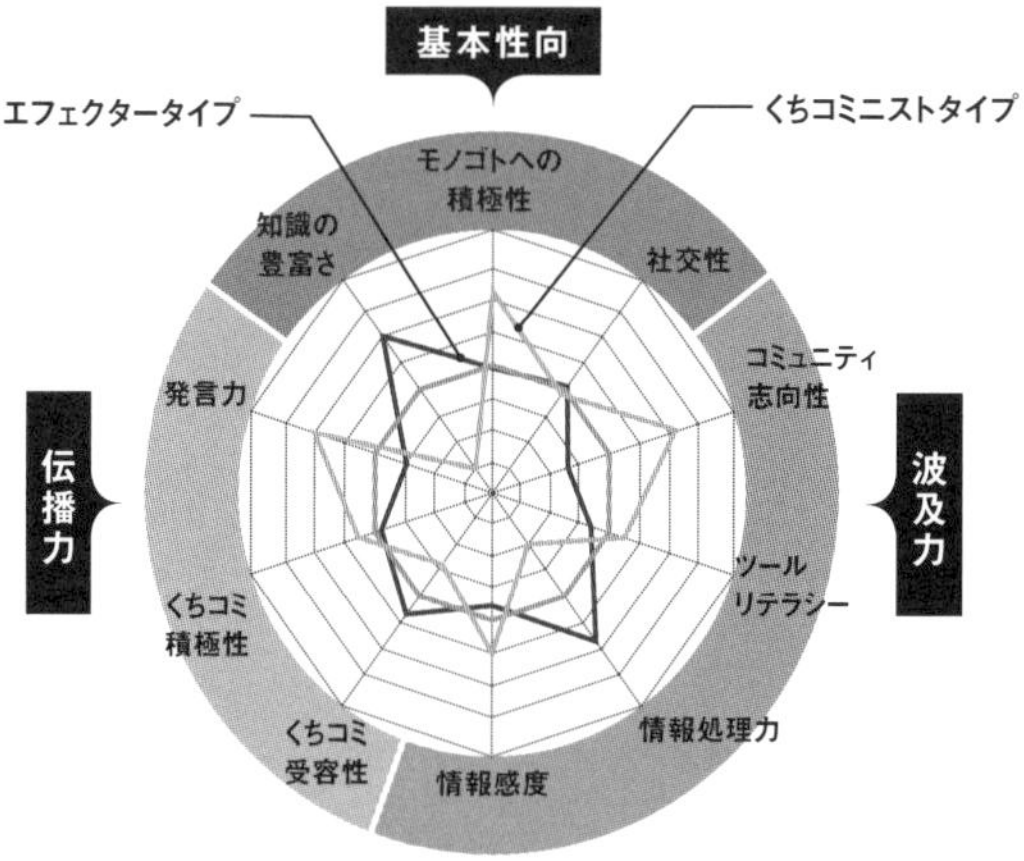

その他、コミュニケーションツール（ブログ、SNS等）の利用度の高さなどを見て精度を上げます。

②アンバサダー候補者をイベントに招き組織化する

アンバサダー候補が決まれば、その方をアンバサダーになっていただくためのイベントに招待します。

そのイベントでは、アンバサダーのコミュニケーションスキルを向上させることが重要です。アンバサダーのくちコミは、とかく企業側ではコントロールできないと思われがちですが、それは違います。むしろ「どんなことを言ってほしい」『商品のアピールポイントを理解してほしい」という企業側の希望をしっかり整理し、アンバサダーにレクチャーすることで、拡散してほしいくちコミに近づけていく必要があります。もちろんレクチャーの際には、企業側が自分たちの製品やサービスの訴求ポイントを十分に理解し、どのように訴求すれば顧客に響くのかを、事前にアンケート調査するなどして、方向性を明確にしておく必要があります。

例えば化粧品の広告などは薬機法（旧薬事法）があるので、企業側が「痩せる」『肌が美しくなる』『化粧品が肌にぐいぐい染み込んでくる」といった効果の部分をうたえないという制約があります。しかしアンバサダーは、商品の良さを実感しているエンドユーザーでもあります。アンバサダーのほうが企業よりも、より詳しく使用感などを周囲に伝えることができます。

そういった点から見ても、アンバサダーのコミュニケーションスキルを向上させることは非常に重要といえます。

③アンバサダーと消費者との接点をつくる

コモンズでアンバサダープログラムを実施する際、接点はリアルとバーチャルの両方を用意します。リアルな接点とは、アンバサダーの実生活内の周りにいる消費者（家族や友人知人を指します）のこと。実際に生活をしていく中で、関係を持った人に企業の製品やサービスを説明してもらいます。アンバサダーは、すでに顧客なので、実製品を使いながら紹介してくれます。その際には、興味を持った消費者に対して次のアクションにつながりやすい仕掛けを必ず用意します。化粧品であれば店頭で受け取れる試供品の引換券の提供であったり、電化製品であれば、製品体験会への招待券などであったりします。リアルでのくちコミについては、アンバサダーは対象者の好みや思考傾向を知っているので、相手に合わせておすすめする理由などを変えてくれる場合が多く、対象者が購入に至る確率が高い一方、アンバサダーの家族や友人、知人の数が限られるため、リーチの数は限定的です。

バーチャルでの接点の一番の候補は、自社サイトへのお客様の声や、くちコミサイトなどへの書き込みです。自分の体験や自分で感じたことを自分の言葉で書いてくれることにより、上質なくちコミが期待できます。また、比較サイトは、多くの購入検討者が閲覧する上に、良質なくちコミが残り続けることで、長期間にわたって効果を生むことができるようになっています。そのため、リーチ数は時間の経過とともに増えていくことになります。しかし、書き込みに対して報酬などを設定してしまうと、ステルスマーケティングにつながる可能性があるので、注意が必要です。

④アンバサダーを管理する

アンバサダー事務局を立て、アンバサダーとのコミュニケーションを継続していきます。次回のイベントの告知や、他のアンバサダーの活動報告などを行いながら、アンバサダーとしてのモチベーションを維持していくことが重要です。そしてアンバサダーには定期的にアンケート調査を行い、アンバサダーとしての活動についてや、活動の成果を計測するようにします。

コモンズが提案していて効果的だと感じているのは、アンバサダー限定のメールマガジンです。特に他のアンバサダーがどのように活動しているのかを伝えることで、「自分も工夫してみよう」と励みになります。アンバサダーに先行して紹介していた新商品が発売になり、「このメディアで紹介されました」「こんなに反響がありました！」と伝えると、企業側の視点で施策に関わっているという自覚のあるアンバサダーは喜びます。

⑤マーケティング活動としての目標設定と効果測定

アンバサダープログラムの状況を把握、効果を測定し、アンバサダーが企業側の目的に沿って十分に活用されているのかを常に見直しながら、企業とアンバサダーとの良好な関係を築いていきます。

アンバサダープログラムをスムーズに進めるために

アンバサダーの企業やブランド、製品やサービスに対する認識を高め、くちコミをしてもらう上で方向性がブレないようにトピックマニュアルを作成しておくと良いでしょう。トピックマニュアルと聞くと、「マニュアル」という響きからルールや制約を羅列したものかと思われるかもしれませんが、そうした少しお堅い感じのするものではありません。「これを書いてください」と露骨に企業側が言ってほしいことをまとめるのではなく、一般消費者向けの製品パンフレットのようなものをイメージしてもらえるとわかりやすいと思います。

一般消費者向けの製品パンフレットは、その製品の機能説明と仕様がメインですが、アンバサダー向けということで、企業理念や歴史、創業者の思いなどを書き連ね、アンバサダーが愛する製品が、どのような思いや社会的意義でつくられているのかを手厚く解説します。製品に対する理解を深めることもさることながら、アンバサダーの顧客ロイヤリティを醸成させるためのツールとしての役割も担うのです。

トピックマニュアルに記載しておくべき項目をいくつか挙げておきます。

・コミュニケーションターゲットの設定
・くちコミで活用してほしいワード
・くちコミを行うのは、「顧客とのコミュニケーションである」という目的・意図の明

確化
・比較広告について
・企業やブランドの歴史
・くちコミを行う上でのルール

アンバサダーに自発的にくちコミを行ってもらいながら、アンバサダーの友人など見込み客も同伴できるイベントを実施し、見込み客を増やすことにも貢献してもらいますが、そこで役立つのがアンバサダー認定証です。

コモンズがアンバサダーの選定からくちコミを使った施策実施のサポートを行う際には、アンバサダーに認定証をお渡しすることをおすすめしています。企業やブランドのアンバサダーであることを証明する、会員証のようなものをイメージしてもらうとわかりやすいでしょう。

あるメーカーのアンバサダー施策を実施した際には、メーカーの製品に使用した特殊な素材を使って認定証を作成しました。通常であればプラスチックを使用することが多いのですが、そのメーカーの認定証は、新製品のコンセプトにふさわしく、ハイグレードな感じのする認定証になりました。アンバサダーは、そのメーカーや製品をこよなく愛する人たちですから、「自分が大好きな製品と同じ素材でできた認定証」に対して価値を感じてもらえたようでした。多くのアンバサダーが自慢の認定証を誰かに見せたがっていました。

この認定証は、自分が企業から選ばれた人間であるという、自己承認欲求を満たすだけでなく、「自分はあのメーカーのアンバサダーなんだ」という言葉から、製品のくちコミを始めるというきっかけづくりに使えるツールとしても活躍してくれます。企業側の社員にとっての名刺がわりになるので、認定証を手にしたアンバサダーが自然に企業側の人間であるという気持ちを高めることにも役に立つでしょう。

顧客ロイヤリティの高いアンバサダーは、企業やブランドに認められた自分の説明が間違っていたら、大好きな企業や製品に対する誤解を生むことになると捉え、自身がインプットしている情報を真面目に伝えてくれます。企業や製品に対する印象を悪くすることは、自分の好きなものを傷つけることに等しいので、「トピックマニュアル」に書かれていることを、正確に守ってくれます。

無償ですし、社員でもないアンバサダーがそこまでしてくれるなんてと思われるかもしれませんが、アンバサダーの愛情や影響力を知るために一度実施されてみることをおすすめします。コモンズのクライアントが抱えるアンバサダーの中には、交通費も出ないのに、新幹線に乗ってアンバサダー向けのイベントに参加するといった熱意のある顧客はたくさんいます。認定証を持ち、周囲の人に製品の説明を行うアンバサダーは、社員と同じ。顧客でありながら、企業側に立ってくれる、頼もしいセールスパーソンなのです。

アンバサダーと接するときの心構え

アンバサダーと接するときに注意すべき点を3つ挙げておきます。

①おもてなしの気持ちを大切にする

アンバサダーに対しては、過剰なサービスは必要ありません。

しかし大好きな企業の社員たちと交流を持つことは、アンバサダーにとって喜びですから、おもてなしの気持ちを持って接することは大事だと考えています。アンバサダーにとって一番嬉しい言葉は、「いつもお使いいただいて、ありがとうございます」です。感謝の気持ちを素直に伝えましょう。

特典だけでなく、あらゆることにおいて過剰なサービスは必要ありませんから、アンバサダーを招いてイベントをする際は、社内のスペースがベストです。高級ホテルの「○○の間」といった場所を準備する必要はありません。社員からすれば毎日見慣れて特別な思いはないかもしれませんが、社屋や実際に商品を製造している工場現場などのほうが、アンバサダーは喜びます。なぜなら自分が愛用している商品がどんな場所で製造されているのか、そこで働く人たちがどんな人たちなのかを知ることが、彼らには何よりも価値があるからです。特に食品メーカーなどは、自社施設を有して、工場見学を実施していますが、工場見学に出かけると、今まで知らなかった発見があったりして、誰でもワクワクすると思います。ましてやそこで製造されている商品を長く愛用してきたアンバサダーですから、そのワクワクは何倍も大きいはずです。

企業側も普段は従業員しかいない場所に、顧客を呼ぶことで、気持ちが引き締まったり、アンバサダーの声を直接聞くことで、励みになることが多いはずです。

アンバサダーを招いたイベントは、非常に盛り上がります。

クライアントから、「うちのお客様はおとなしい」と聞いていたのに、イベントに参加したアンバサダーがとてもよくしゃべることに、クライアントが驚いたということがありました。フリートークの時間などは、ブランドとの馴れ初めに始まり、初対面同士なのに自分の生い立ちを語りあったりなど、とにかく盛り上がります。同じ企業やブランドが好きで集まっている人たちなので、嗜好が似ていますし、「好きなブランド」という共通の話題もあります。ですから盛り上がるかどうかなんて心配する必要はありません。

一方で顧客ロイヤリティの低い人、つまりはアンバサダーになれるほどの顧客ロイヤリティを持っていない顧客を集めたイベントは、本当に盛り上がりませんし、くちコミ効果も上がりません。顧客ロイヤリティが低い顧客は、企業やブランドを信頼していないので、何かしらひっかかることがあると、「どうしてそうなるのか」「根拠は何か」と、企業や商品を疑ったりする気持ちが膨らみやすいのです。「好きなブランドのために」という気持ちが乏しい人が、イベントの場に複数でも含まれていると、やはりイベントは盛り上がりません。

②企業や社員との距離を縮める工夫

アンバサダーを自社のセールスパーソンにしたいと思われるならば、社員と同じ扱いをすることです。もちろん正規の社員ではないので、社員と同じ扱いという表現には語弊があるかもしれませんが、「自社の社員だ」という気持ちで接し、アンバサダーに「自分はこの会社のメンバーなんだ」と思ってもらえるように努めます。

アンバサダーのくちコミ意欲を高めるためには、アンバサダーと企業やその社員との距離を縮めることが非常に重要です。おもてなしの心は必要ですが、お客様扱いをしてしまうと、いつまでもブランドとの距離が縮まず、「好きなブランドの一員になる」ことができないのです。だからこそ、イベントの場所は、企業の社屋や工場などが向いていますし、また、その企業の社員との人対人の関係づくりが重要です。そのためにイベントなどの際には、アンバサダー6人に対して社員1名程度の割合で、アンバサダーと話す時間をたくさん設けてください。せっかくイベントに参加したのに、一度も社員と話さなかったというようなことがないように配慮します。既存の商品の改善点など、普段気になっていることをグループワークなどで話し合うことで、企業側の視点に立つという意識を宿してもらいます。

③人に話したくなるエモーショナルボンド

すでに顧客ロイヤリティがとても高いアンバサダーですが、企業とのより強い絆を構築していくために、製品やサービスが生まれた背景、開発者の思いといった企業のストーリーを改めて見せ続ける機会を積極的に持つようにしてください。このストーリーに賛同できるか・できないかが、顧客ロイヤリティを高めることに大きく影響します。企業の在り方に感動することが、企業を応援し続けたいという気持ちにつながります。企業と顧客をつなぐ心理的な絆、エモーショナルボンドは強ければ強いほど良いので、自分たちのことをシェアし続けてください。そうすれば、そのストーリーとともにくちコミが行われていくのです。

アンバサダーの活用で注意すべき点

アンバサダーからの見込み客の紹介は、新規顧客獲得に大きく貢献します。アンバサダーが見込み客と一緒に参加が可能なイベントやワークショップを実施するといいでしょう。またその際に、チケットや、イベントやワークショップ参加者のための特別特典を用意し、アンバサダーが見込み客を集めやすくするための仕組みやツールの準備をしっかり行うべきです。

既存顧客に新規顧客を紹介してもらうために、インセンティブを提供して顧客を集めることをMGM（メンバーゲットメンバー）と呼びます。お友達を紹介すると、紹介者である既存顧客にプレゼントが渡されるとか、商品を割引価格で提供するなど、いわゆる「お友達紹介キャンペーン」といったものがMGMです。

海外ではMGMに抵抗のない顧客が多いのですが、日本人は少し抵抗があるようです。友達を紹介して自分だけがメリットを得るというのが、友達を売る行為と受け止められがちです。顧客ロイヤリティの高い人ほど、「自分の愛するブランドだから友達にすすめたい」という気持ちが強い傾向にあるので、プロダクトロイヤル層にはMGMはあまり得策ではないと感じています。

そうした心理的なハードルを払拭するために、ある家電メーカーのアンバサダー施策を担当した際には、その家電を使ってホームパーティーを主催してくれたら、ホームパーティーセットを送るという企画を立てました。友達を紹介してくれたアンバサダー側というよりも、一緒に、あるいは見込み客側にプラスになる特典を考えましょう。

以前、他社のブランドロイヤル層の方にヒアリングを行った際、MGMにはどうしても抵抗があると言われたことがありました。「友達を売るような行為はしたくない」と言われ、とても納得しました。以来、既存顧客に友達を紹介いただく際には、既存顧客に特典を設けないようにしています。そう話すとクライアントは驚かれます。

「何も特典がないのに、協力してもらえるでしょうか？」

何度受けたかを忘れるくらい耳にした質問ですが、大丈夫です。顧客ロイヤリティの高い最優良顧客は特典などつけなくても、友達を紹介してくれます。ブログやSNSで自分の好きな商品について熱く語っている人を見かけたことはありませんか？　最近では企業がインセンティブを支払って、インスタグラマー自身のインスタグラムで紹介してもらうといったコンテンツマーケティングを展開している企業もありますが、最優良顧客の多くは、そんなインセンティブがなくても発信してくれます。自分にメリットがないから、よりおすすめしやすいと考えるのが本当に顧客ロイヤリティの高い人の特徴なのです。ですから何か特典を用意する必要はありません。

それから、アンバサダー自身のモチベーション維持のための工夫も怠らないようにしましょう。「アンバサダーを管理する」という項目のところでもお伝えしましたが、アンバサダー限定のメールマガジンを配信するなどして、新商品やキャンペーンなどの情報を提供し、常に企業やブランドの存在を意識してもらえるようにアプローチし続けます。

基本的にアンバサダープログラムでは、アンバサダーが何か活動してくれたことに対して報酬を支払うことはありません。

アンバサダーは自分の意志で製品やサービスに対するくちコミを行っているので、広告ということを消費者に隠しながら行うステルスマーケティングにはあたりません。しかし、たとえ報酬が発生していなくても、そのくちコミを見た消費者が、製品やサービスの良さを過剰に解釈するような、行き過ぎたくちコミは、景品表示法が規制する範囲に該当してしまう可能性もゼロではありません。ですから、アンバサダーが自分の意志でくちコミを書いているとしても、アンバサダーが製品やサービスを過剰にほめるなど、行き過ぎたくちコミをしないよう管理したり、そもそもステルスマーケティングとは何かという情報を伝え、アンバサダーの認識を高め、未然に防ぐといった対策を取るべきだと考えます。

アンバサダーの活動による効果

アンバサダーの活動をしてもらうことで企業が得られる最大の効果は、くちコミを見たことで製品やサービスに興味を持った消費者が新規顧客になってくれることです。さらにもともと優良顧客であったアンバサダー自身も、企業やブランドとより深く関わることによって、企業理念などを理解していき、心理ロイヤリティが高くなるという効果も期待できます。

現在、世の中にはたくさんのくちコミサイトがあり、ネットショップなどにも必ず購入者のくちコミが添えられています。くちコミが消費者の購買活動に対してひとつの指標になっている昨今では、それがあきらかに間違っていたり、勘違いを含んだくちコミであっても、読んだ人には事実として伝わる危険性がとても高いのです。しかし企業側がすべてのくちコミに目を通し、間違った情報が伝わっていないかを監視することは不可能ではないでしょうか。

そこで活躍するのが、第二のセールスパーソンであるアンバサダーです。これは実際にクライアントのアンバサダーが活躍した事例ですが、とあるくちコミサイトに書き込まれていた嘘の情報を目にしたアンバサダーが、訂正コメントを書いてくれたということがありました。企業に代わって、丁寧に製品の特徴を解説するコメントを見て、クライアントは心底嬉しかったと話していました。

ある事件から風評被害を受けていた企業のアンバサダーが、自身のブログで企業のひたむきな姿勢を伝え、厳しい意見の多くは誤った認識からきていると伝えてくれるということも実際にあることです。このようにネガティブな情報の火消し役としてもアンバサダーは有効です。心強い企業やブランドの応援団といえるのではないでしょうか。

アンバサダーの効果事例

次ページにアンバサダーのくちコミ効果について、コモンズで実施した際の結果を記載します。家庭用調味料と高級化粧品で実施した際の、アンバサダーひとり当たりの「リアルくちコミ」と「ネットくちコミ」の実施平均回数です。

2カ月での実施回数ですので、読者の方々が実施する際の参考にしてみて下さい。

アンバサダーの効果事例

アンバサダーひとりあたりの平均くちコミ回数をリアルとネットで調べた結果
事例①と②ともに、2カ月間の一人あたりのくちコミ平均回数

	リアルくちコミ ・直接会って話した ・電話で話した	ネットくちコミ ・PCメールで伝えた ・携帯、スマホのメールで伝えた ・ブログに記事を書いた ・Twitterでつぶやいた ・SNSに書き込んだ ・くちコミサイトや掲示板に書いた ・その他
事例① 家庭用調味料	14.5回	16.5回
事例② 高級化粧品	8.3回	10.4回

共創マーケティング

共創マーケティングとは、優良顧客の中から想定ターゲットを抽出し、企業の新製品や新サービスを一緒に創造する共創プロジェクトに参加してもらうことです。

共創マーケティングにおいて、共創パートナーとなる最優良顧客が果たす役割は、次の4つです。

①新製品・サービス開発のためのマーケティング情報収集
②新製品・サービスのモニター依頼と改善意見の収集
③既存製品・サービスの改善ポイントの洗い出し
④顧客代表としてのイベント参加

この共創マーケティングは近年、様々な企業が取り組んでいます。メジャーなところでいえば無印良品の「IDEA PARK」です。無印良品内にある「くらしの良品研究所」

では、ウェブサイトに「IDEA PARK」というページを設け、顧客から意見を募り、新商品の開発や既存商品の改良につなげています。また「IDEA PRAK」を利用している会員を集めた「IDEA PARK会員交流会」を開催。その模様をサイトで報告したり、規模の拡大に合わせ、商品リクエストから商品化に至るまでの流れを見直したり、と活発な共創マーケティングが行われていることがうかがえます。

(https://lab.muji.com/jp/ideapark/)

共創マーケティングに関しても、顧客ロイヤリティの高い最優良顧客を集めることが、実りある施策にしていくために重要なポイントになります。特に心理ロイヤリティの高い顧客は、企業側が主催するイベントに自分が選ばれて参加すること自体が喜びになり、モチベーションにつながります。大好きな商品がより良いものになるということは、自分にとってもプラスになることなので、提案にも積極的です。反対に心理ロイヤリティの低い顧客は、イベントに来てくださいとお願いすると、「値引きなど特典がないのか」といったインセンティブを求めてきたり、「集まる場所が不便だと困る」など不平・不満をもらし、その不平・不満が「この企業は、こちらが何かしても対応が悪い」といった感情を抱かせてしまうことになる可能性が高いのです。そもそも自分の大切な時間を割いてまで、共創マーケティングの場に出てこないでしょう。

また共創マーケティングの場は、企業と顧客だけでなく、商品の製造に関わっている業者や生産者といったあらゆるステークホルダーとの交流の場にすることも、非常に有効です。互いに影響を与え合い、ステークホルダーがひとつのチームであるかのような連帯感、そして改善提案という前向きなアプローチへの積極的な関与が生まれる場へと、成長させていくことができるはずです。

アンバサダーに向いている人、共創パートナーに向いている人

顧客ロイヤリティ、特に心理ロイヤリティの高い人が向いているというのは大前提ですが、アンバサダーと共創パートナー、それぞれに向いている人の特徴を挙げておきます。顧客ロイヤリティ計測のアンケート調査結果には、顧客ロイヤリティが高いのかどうかだけでなく、アンバサダーと共創パートナー、それぞれに向いている素養があるかどうかが、明確に出てくるので、アンケート調査結果を参考にしながら人選を行うことができます(左図)。

アンバサダーと共創パートナー

アンバサダーはプロダクトロイヤル層から選定
人数が足りない場合などは心理ロイヤリティの高いファン層から補填

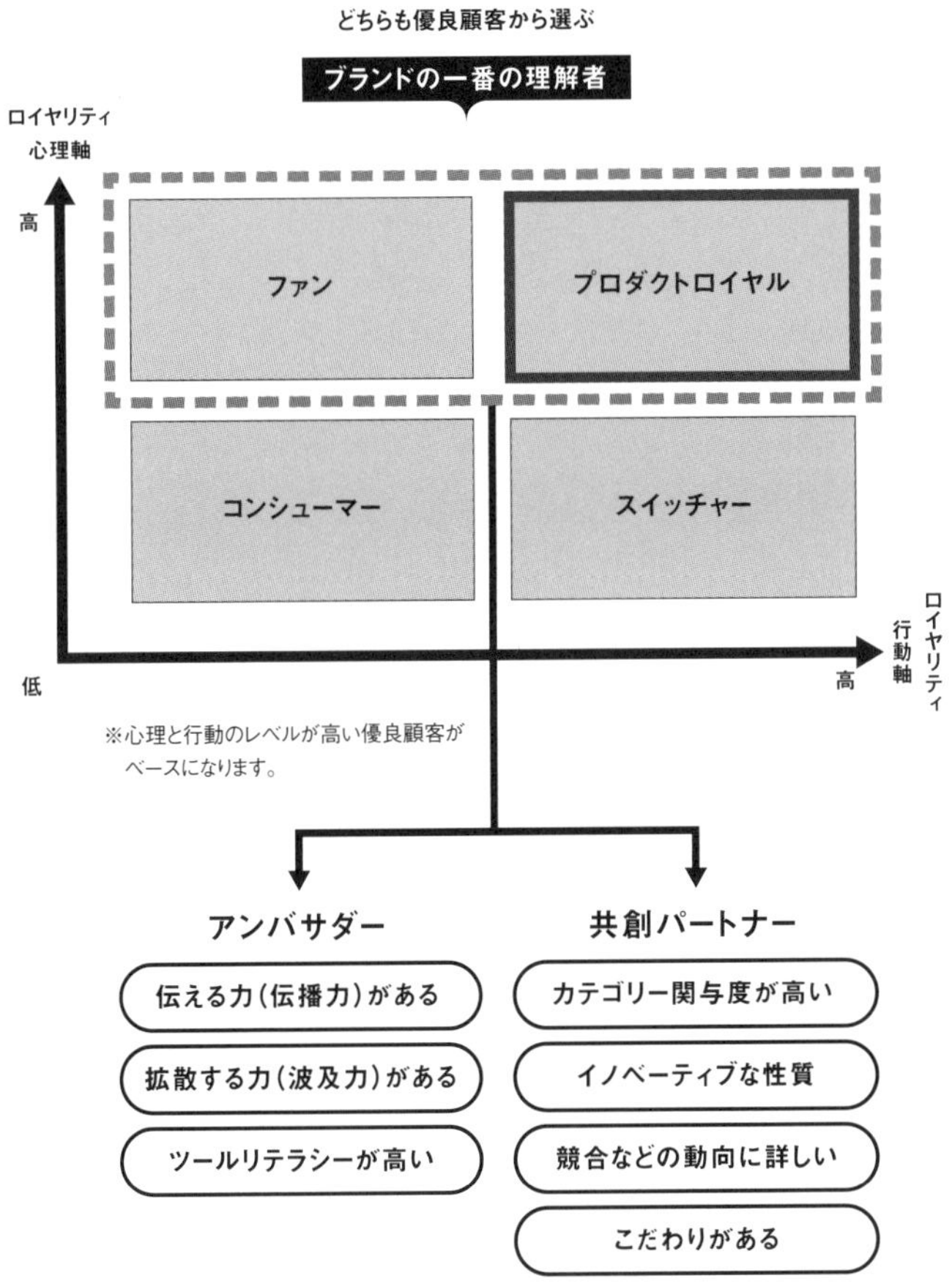

【アンバサダーに向いている人】

・コミュニケーション素養が高い、伝える力（伝播力）がある
・友人・知人やSNSなどのフォロワーが多い、拡散する力（波及力）がある
・ツールリテラシーが高い

【共創パートナーに向いている人】

・製品・サービスカテゴリーへの知識・関与度が高い、競合など動向に詳しい
・イノベーション気質が旺盛
・こだわりがある

例えば共創パートナーに向いているイノベーション気質の旺盛さは、アンバサダーとして役割を担う際にも必要ではありますが、より共創パートナーに求められる度合いが高いと考えています。アンバサダーにとってはコミュニケーション素養は重要ですが、共創パートナーにはそこまで求められる素養ではありません。どちらにしても顧客側に

留まるのではなく、企業側の人になってもらい、「自分たちも一緒に企業や商品を育てている」という意識を共有していくことが重要です。そのために企業用のアプリなどを活用して、常日頃から情報共有を怠らないこと。接点を持ち続ける仕組みづくりを同時に進めていきましょう。

外資系化粧品会社におけるアンバサダープログラム事例

アンバサダー認定証が顧客の誇りになる

多くの名門百貨店の1階にお店を構える外資系高価格化粧品メーカーAにおいて、アンバサダープログラムを実施した内容をご紹介します。そのブランドは、創設100年以上を誇る老舗ブランドですが、顧客の分類はRFMで行っていました。

この化粧品メーカーAは、大きな分類としては、年間の購入金額で3段階（メンバー、シルバー、ゴールド）に分け、それぞれに対応したメンバーシップのプログラムを実施していました。そのプログラムの満足度と改善提案をするため、コモンズでは顧客調査を実施。化粧品メーカーAは、それまで顧客の心理ロイヤリティは計測したことがなく、ロイヤリティに効くメンバーシッププログラムを開発するためにコモンズで調査をしました。その後、追加施策として、優良顧客を組織化して、アンバサダープログラムを行うこととなったのです。

1. アンバサダー候補を発見・抽出

コモンズの調査をもとに、以下の条件でアンバサダー候補を選出しました。

①製品ライン利用者

メイクアップ、基礎化粧品など複数のラインがあるメーカーAの製品のうち、該当製品のラインを使っている顧客を抽出しました。

②心理ロイヤリティが高い

③コミュニケーションスキルが高い

※クライアントからは、「うちのお客様は、寡黙でおとなしい方が多いので、アンバサダーに向いているかしら？」との疑問がありました。

④1都6県に在住

アンバサダーのキックオフイベント（アンバサダー認定イベント）を都内で実施するため、1都6県内の顧客を対象にしました。

2. アンバサダーを組織化し、コミュニケーションスキルを上げる

アンバサダーを組織化するためのキックオフイベントを、都内の化粧品メーカーAの本社内の研修センターで実施しました。繰り返しますが、こうしたファンイベントは、ホテルの一室を用意するなどして、豪華に行ったほうがいいと考えがちですが、顧客心理を考えると大好きな企業の本社を訪問するほうが、ホテルに行くよりも何倍も嬉しいことなのです。

顧客と本部社員との絆をつくり、コミュニケーションスキルを上げるためのイベントの内容は、以下の通りです。

キックオフミーティングでは、まずアンバサダー5〜6名と、営業担当者や開発担当者、マーケティング担当者など化粧品メーカーAの社員1名とで同じテーブルについてもらいます。その後、化粧品メーカーAの事業部長からのあいさつに続き、本格的なイベントのスタートです。

その時のイベント内のコンテンツは以下の通りです。

①テーブルごとでの自己紹介

お名前や居住地域に加えて、ブランドとの出会いやご自身の愛用アイテムについて紹介していく。

②ブランドマネージャー（開発担当）と美容家によるトークショー

ブランド創設者の逸話やブランド立ち上げの気持ち、使っていただいているユーザーの方々への想いなど、製品の特長以上にブランドとしてのストーリーを多くお話し頂きました。

③友人にメーカーAの製品をおすすめする際のすすめ方ワークショップ

50代のターゲットで、タイプの違う女性のすっぴん写真3名分を用意。

お肌の症状から、どのような化粧品をすすめるかを円卓内で話し合う。

④アンバサダープログラムの具体的な内容の紹介

⑤アンバサダー認定証の贈呈式＋トピックマニュアルのお渡し

イベント自体は、自己紹介のパートから大いに盛り上がり、「寡黙なお客様が多いので心配」といった声が消し飛ぶほどでした。自分の好きなブランドから認められ、同じようにブランドを好きな人たちや、そのブランドの社員の方々と直接コミュニケーションが取れることが、本当に楽しいようでした。

また、ブランドの創設期の歴史や、創設者の言葉に共感し、さらにブランドを好きになる参加者も続出していました。

ワークショップ中もそれぞれの意見やご自身の実体験を踏まえたお話などを相互に披露しつつ、製品のすすめ方を考えていきました。同席している社員の方は、誤りがあれば正す役割を担っており、「正解を出す人」としてではなく、共に考えるというスタンスを崩しませんでした。これが、活発な意見を生んでいたのです。


くちコミによる情報拡散や顧客獲得がマーケティングにおいて重要な役割を果たすようになった昨今、アンバサダーを認定している企業は少なくありません。しかし化粧品メーカーAのキックオフミーティングが特徴的なのは、アンバサダー認定証とトピックマニュアルを配布したことです。

アンバサダーは化粧品メーカーAのファンなので化粧品メーカーAに認められたという証拠となるアンバサダー認定証を手にされ、とても誇らしげでした。アンバサダー認定証を持つと、まるで化粧品メーカーAの社員になったような気がするのではないでしょうか。コモンズとしても、化粧品メーカーAの社員になっていただいたような気持ちを味わっていただきたいと思い、アンバサダー認定証を名刺サイズに仕上げています。

また、アンバサダー認定証とともにお配りしたトピックマニュアルは、一般的な商品カタログではなく、化粧品会社としての歴史や、創業者の人となり、生前に残した数々の語録をベースに作製しました。これはアンバサダーが友人や知人に化粧品メーカーAを紹介するときに、「こんなことを伝えてもらい、この会社のことを好きになってほしい」と企業側が考えること。つまり、買ってほしい製品の特長や効能ではなく、ブランドの生い立ちや製品開発の理念など、その会社に関わるストーリーを知ってもらい、そのストーリーに共感してもらうことが、企業への心理ロイヤリティを醸成することにつながると考えているのです。

アンバサダーはトピックマニュアルを読み、化粧品メーカーAのことを伝えるときに何を話せばいいのかのヒントになるエピソードやキーワードをインプットしていくのです。アンバサダーが話をして、興味を持った方にお渡しする、サンプルの交換チケットを添えました。

たっぷり3時間のキックオフミーティングに参加したアンバサダーは、キックオフミーティングが終了する頃には、化粧品メーカーAの美容部員も顔負けの知識と、ブランドに対する愛着を宿すことになります。キックオフミーティングから1カ月後に開催したイベントでは、同伴してもらったお友達に、自分の言葉でしっかりと化粧品メーカーAの魅力を伝えているアンバサダーの姿をたくさんお見かけしました。

3．アンバサダープログラムの結果について

もちろん、紹介に対しての報酬はありませんでしたが、アンバサダーの方々は積極的にお友達にブランドを紹介し、このアンバサダープログラムをきっかけに、多くの新規見込み客の方々にブランドを知ってもらうこととなり、店舗への新規来店数を増やすことにつながりました。また、追加の効果として、アンバサダーの方々の心理ロイヤリティが今まで以上に上昇し、購入金額や購入頻度、来店頻度が上がったことも付け加えておきます。

モスの共創マーケティング事例

あらゆるステークホルダーが参加したタウンミーティング

株式会社モスフードサービスが国内だけでも1300店以上展開する「モスバーガー」は、安心・安全な素材や調理にこだわった、おいしいハンバーガーが人気です。コモンズではモスバーガーのタウンミーティングの運営を担当しましたが、このタウンミーティングは一般的なタウンミーティングの域を超え、共創マーケティングとしての側面も持っていました。

というのも一般的なタウンミーティングは、普段ご愛用いただいているお客様に対する感謝をお伝えするファンイベントとして、比較的顧客ロイヤリティの高いお客様に知ってほしい情報を提供する場になることが多いのです。しかし、モスバーガーの場合は、集まったお客様から既存商品に対する意見を収集して議論し、商品開発のヒントとして捉え、実際に商品のリニューアルにまで落とし込んでいったのです。共創マーケティングとしての役割も担った、タウンミーティングとして、成功例といえるでしょう。

タウンミーティングは、当時社長を務めていらした櫻田厚氏の講演で始まりました。モスバーガーらしいと感じられたのは、タウンミーティングの場に社員とお客様だけでなく、店舗のオーナーやパート・アルバイト、野菜などの配送を担うお取引先企業様、契約農家と、モスバーガーに関わるすべてのステークホルダーが参加していたことです。

昔のソースと現在のソースの味をテイスティングで比較したり、野菜をどのように冷蔵保存して鮮度を保っているのかや、店舗スタッフが実践している手洗いの方法を伝えて衛生管理について触れるなど、その場で話される内容は密度の濃い話ばかりでした。そして参加者がそれぞれ自分で食べるハンバーガーをつくり、店舗でプロがつくるハンバーガーと何が違うのかを意見交換したりしました。

実際に野菜をつくっている契約農家の方から、どれほど土にこだわっているのかといったストーリーを聞くと、「なぜモスバーガーのハンバーガーがおいしいのか」「激安なファストフードと比較してモスバーガーは決して安くないのは、こうしたこだわりがあって生み出されているからだ」とお客様の納得度は高まります。そして納得度が高まるということは、モスバーガーに対する満足度にも直結します。しかし納得度を高めるためには、企業側が自分たちのストーリーをしっかりと語らなければいけません。

ストーリーを語ることでお客様をどれだけ納得させせられるかがとても大事で、真面目にコツコツと安心・安全な食品を届けてきたモスバーガーだからこそ、共感してもらえるストーリーを堂々と語ることができたのではないかと思います。そしてその共感が、「自分の大切な人にモスバーガーをすすめたい」というくちコミへの意欲を醸成していくのです。

櫻田氏は、「いただいたご意見は前向きに検討するだけではなく、ちゃんと実現させます」と話されていましたが、タウンミーティングに参加した人が、その後の経過を知る場や機会があれば、自分たちの動きが無駄になっていないことを実感することができます。モスバーガーでは、タウンミーティングで議論されたことを無駄にするのではなく、ウェブサイトや店舗用のポスターで当日の様子や出された意見を報告していました。こうした真摯な姿勢を見せることが、次のタウンミーティングにつながっていきます。

通常のタウンミーティングであれば、お客様はあくまでお客様の立場のままで参加することができます。しかし共創マーケティングにおいては、お客様は意識として企業側に立つことが求められます。お客様が社員とともに考え、どうすれば商品がさらに良くなるのか、改善点はないのかについて意見を出し合ったり、「こんな商品があると買いたくなる」といった新商品開発のアイデア出しを行う共創マーケティングの部分まで担ってもらうためには、お客様に高い顧客ロイヤリティが宿っていなければ難しいでしょう。

タウンミーティングで出会った社員や生産者と交流することで、顔の見える関係になることは、単に「好きな企業」ではなく「好きな○○さんが勤めている企業」へと強い連帯意識を生じさせます。エンドユーザーと企業側が接点を持つということは、顧客ロイヤリティの高いお客様を育てるだけでなく、第2の社員と呼べるアンバサダーを育てることにも大きく貢献するのです。

第４章

販売力を鍛える

優れた営業スタッフのメソッドを他の社員にも共有できれば、企業にとってプラスになります。ここでは優秀な営業スタッフの行動パターンをシステム化するSFAプログラムにコモンズ独自の「心理」の側面を加えるメソッドを紹介します。

Theme

車を買い替えたばかりのお客様に、新車をすすめた営業担当、その理由は？

自動車業界の場合、管理する顧客数が数百人という営業担当者は珍しくなく、多い人だと1000人以上抱えていることもあります。このような膨大な顧客に対して、それぞれの顧客が車検を受けるタイミングで自動車の買い替えを提案していくというのが、自動車営業の正攻法です。

しかし、正攻法とは異なるやり方で「違い」を生み出す方法があります。ディーラーの営業担当者の話で興味深いものがありましたので、それを例にしてみましょう。

その人の戦略は、毎月6カ月後に車検を控えている顧客をリストアップし、買い替えにおすすめの自動車を提案する書類を作成後、わざわざ顧客の自宅まで届けに行くというものです。特筆すべきは、顧客の家族構成やライフステージから見た現在の状況、それから自動車に何を望んでいるのかといったことを踏まえながら、顧客一人ひとり個別に提案しているということです。そのため、自動車を買い替えて1年も経たないうちに、「お客様に最適な新車が出た」といって提案しなおすこともあるといいます。一見すると眉をひそめられそうな営業スタイルですが、きちんと顧客に向き合った末に導き出した最適な方法であるため、結果がついてくるのです。こうした顧客の心をとらえて離さないコミュニケーションを実践した結果、その人は常にトップの成績をおさめているそうです。

営業担当者の行動は、「車検の6カ月前に買い替えの提案をする」というだけですが、そこには興味を持ってもらえる自動車を提案するために顧客の心理を理解しようとする飽くなき努力が見られます。表面的な行動だけでは言い表せない何かがあるからこそ、顧客は「この営業担当者から買いたい」という心理になるのです。

営業は2対6対2

ネットを使うなど顧客との非対面のコミュニケーションが盛んになっても、店舗や営業担当者による対面でのコミュニケーションはゼロになりません。優秀な販売員や営業担当者がいれば、売り上げは大きくアップしますし、販売員や営業担当者の対応が心無いものと映れば、顧客は離れていってしまい、企業にとっての損失につながります。社員の全員といわないまでも、顧客とのコミュニケーションに長けた社員を一人でも多く増やしたいというのは、会社の規模も業種も関係ない、普遍的な悩みではないでしょうか。

「2対6対2の法則」(人が一定数集まった集団組織では、優秀な人が2割、普通の人が6割、そして生産性が低かったり、怠け者であまり働かなかったりする人が2割という比率になるという法則)について耳にしたことがある読者も多いと思います。2対6対2という比率は必ずしも正確とはいえないかもしれませんが、組織においてこのような傾向が出てしまうことは事実であり、これの解決に着目することは、ごく自然なことといえます。例えば、ごく一部の優秀な人のノウハウが6割の普通の人にきちんと伝わったらどうでしょうか。単純に普通の人がレベルアップをして業績が上がることはもちろん、もともと優秀だった2割の人の手間を省くこともできるのです。このことによって、その2割の人はさらなるレベルアップを果たせる可能性があり、幾重もの相乗効果が期待できます。

ロイヤリティ・ジェネレーター

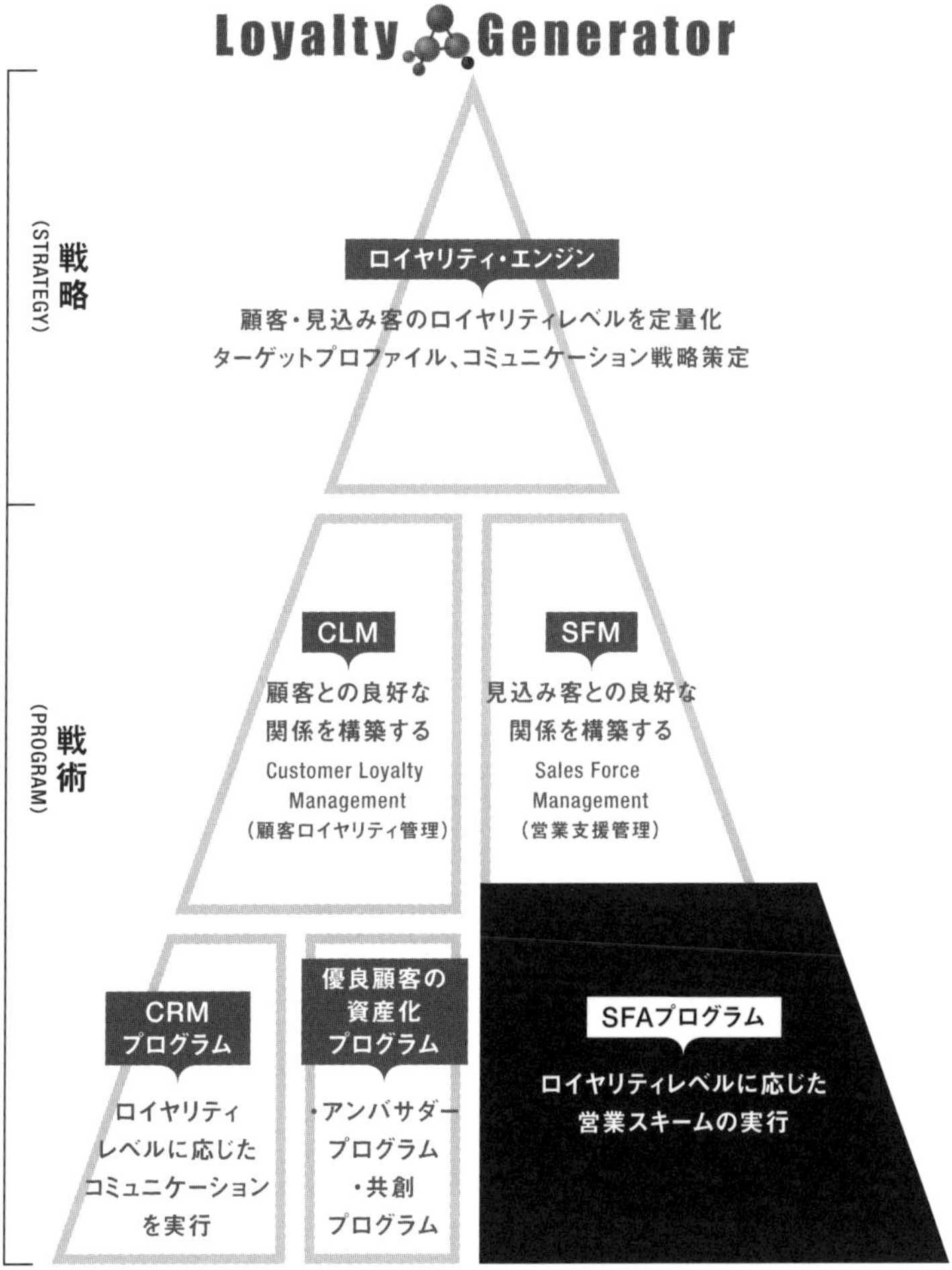

そのために活用されているのが、営業支援システムのSFAです。

SFAとは、優秀な2割の社員が、顧客とコンタクトを取る前にどのような準備を行い、どんなプレゼンテーションをし、販売につなげていくのか、ロイヤリティを高めているのか、その行動パターンを分析して、システム化することを指します。これを他の社員と共有することで、会社全体の営業力を上げていく、というのが狙いです。日々の営業活動がどのように進捗しているのかリアルタイムに共有されるので、そこからどうすれば優秀な2割の社員と同じように売ることができるのかを分析していきます。

SFAは顧客管理に向けたひとつのツールとして、様々な企業が導入しています。

優れた社員が実践している行動ステップとは？

優秀な2割の社員の行動ステップを、他の社員に真似させて、販売力を上げていく前に、まずは優秀な2割の社員の行動ステップを把握しなければなりません。では、ここで一般的なクロージングまでの行動ステップを見てみましょう。車のディーラーの営業を例に見てみましょう。

①顧客が来店する
②顧客がどのような車が欲しいのか、条件を聞く
③顧客が現在はどのような車に乗っているのかを聞き、現在の車に対する不満や悩みを聞く
④顧客が現在抱えている不満や悩みを解消できる車を提案する
⑤試乗などで車の特徴を説明する
⑥オプションなどの商談を行う
⑦下取り車があれば下取り価格を提示する
⑧見積もりを作成し提示する
⑨ローンを組むに伴って、住宅のローンや保険などを見直す（金融機関の紹介などをサポートする）
⑩納車。納車後は、定期的なメンテナンスを行う

大まかにですが、顧客に対して営業がスタートし、様々なステップを踏みながら、クロージングまで進んでいくことがわかります。

しかしよくよく考えると、そこにはＳＦＡの落とし穴といえる重要なポイントが見えてきます。ここまで本書を読み進めてくださった読者は、もうおわかりかもしれませんが、一連の行動ステップは、優秀な社員の「行動」です。コモンズが重視している「心理」の部分は見えてきません。

優秀な社員の行動ステップを分析して、他の社員に共有しても、それは行動ステップを共有したにすぎず、優秀な社員がどのように顧客とコミュニケーションを図っているのかがわかりません。行動ステップだけでは、本当に顧客の思いに応えているのかが判断できません。顧客のためとしながらも、決してそうではない行動をとっていることがあるのが現状です。

例えば、車でも住宅でも高額な買い物をする場合は、先に見積もりを取ります。企業側としては、見積もりを出さなければ購入にもつながらないので、来店した顧客全員に見積もりを出して、一組でも多く次のステップに進んでほしいというのが本音でしょう。そして優秀な2割の社員は間違いなく見積もりを取っています。しかし、「無料ですし、見積もりをお出ししましょう」と提案して、顧客全員が喜ぶとは限りません。まだ当分車を購入する予定はないけれど、ふらっと立ち寄っただけというような人に対して、「見積もりを出します」と言えば、押し売りされていると感じられてしまうでしょう。営業担当者が勝手に見積もりを出したのに、「今なら何割お安くなります」と、さも「良い提案をしています」という顔で営業されても、顧客は引いてしまうだけです。

優秀な2割の社員の「行動」を表面的に真似ると、「購入意欲のある人も購入意欲のない人も、来店したというだけで共通して見積もりを出す」ということになるのです。これでは優秀な社員と同じように新規顧客を獲得するのが難しいことは明らかです。しかし、とくにSFAを重視している企業では社員の行動だけにスポットが当たりがちなのが現状です。

見積もりの作成・提示は、クロージングに向かって営業を行うために重要な行動ステップですが、営業担当者の対応が企業やブランドに対しての顧客のロイヤリティを上げられているのか、きちんと見極めていかなければなりません。

車業界における営業スタッフの評価方法

アメリカのコンサルティング企業であるJ.D.パワーで用いられてきた評価指標にS

ＳＩ、ＣＳＩというものがあります。

【ＳＳＩ】

ＳＳＩとは、「Sales Satisfaction Index」の略で、製品やサービスを購入してから1年以内の顧客に対してアンケートを実施し、営業担当者の対応がどうだったか、営業担当者の対応に満足しているのかを把握するための調査項目です。

【ＣＳＩ】

ＣＳＩとは、「Customer Service Index」の略で、製品やサービスを購入してから3年ほど経った顧客に対して、メンテナンスも含めて、その後のアフターフォローはどうだったかを聞く調査です。

ＳＳＩもＣＳＩもどちらも顧客の満足度調査で、営業担当者やメンテナンススタッフの対応に満足できましたかと聞くことが目的です。

第1章で、一般的な顧客満足度調査は、「満足度＝価格」に紐づいていることが多く、製品やサービスに対する価格への満足度を調査しているにすぎないと話しました。だからこそ、企業やブランド、製品やサービスに対する価値、つまりロイヤリティを調査することが重要だとも話しています。顧客へのアンケート調査の中で、SSIやCSIを上手に取り込み、ロイヤリティの調査を行うことが重要です。SSIやCSIといった項目を重視し、営業担当者が企業やブランドを好きになってもらえるような振る舞いをしているのか。Aという営業担当者と、Bという営業担当者が、顧客に与えている印象や好感度を把握し、顧客ロイヤリティが〝人〟によってどのように変化するのかを見ていく必要があるでしょう。

そう考えると、「企業やブランドの体現者としてのセールス」が求められるのであって、SFAで計測した行動ステップだけでは、6割の普通の社員の販売力を底上げする対策を打ち出すことはできません。単に「この商品が欲しい」のか、「あの店で買いたい＝あの営業担当者から買いたい」と思っているのかまで分析しながら、顧客ロイヤリティを計測していくべきです。

ちなみに、SSI、CSIの調査項目はそれぞれ、SSI＝「セールス担当者」「契約・価格」「店舗施設」「納車」の4項目、CSI＝「サービス担当者」「サービス料金」「サービス内容」「営業体制」「店舗施設」の5項目（21小項目）です。これを見て「おや？」と思う方もいらっしゃると思います。ここには心理ロイヤリティに関する項目が含まれていないのです。そのため、ＳＳＩとＣＳＩの計測だけでは不十分と考えています。

営業スタッフが、商品・企業ロイヤリティに与える影響

コモンズがクライアントの顧客に対して行っている顧客ロイヤリティ調査でも、営業担当者の好感度が、企業や商品、特に心理ロイヤリティに大きな影響を与えることがわかっています。営業担当者は、ブランドの体現者、ブランドを擬人化したキャラクターとして顧客の目に映るからです。

例えば「あの店のカレーは大好きだけど、どうも店員さんの対応が悪くて、行きたくなくなった」というような経験を、多くの人がしているのではないでしょうか。店舗を訪れる前に、顧客は企業やブランドに対して、「こんなお店（ブランド）だ」というイメージを持っていますが、実際に店舗を訪れて、対面した営業担当者によって、イメージが左右されてしまいます。場合によっては、今まで以上に「大好き」になったり、「大嫌い」

になったりもする。企業やブランドのパーソナリティは、営業担当者のパーソナリティに近くなっていくのです。どんなに製品やサービスが魅力的であっても、営業担当者の評価を上げなければ、心理ロイヤリティを上げることにはつながりにくいと考えるべきです。

営業担当者に対する顧客の評価は、販売力だけで判断すべきものではありません。営業担当者の商談での応対や商品紹介の仕方によって、ブランドに対する心理ロイヤリティが向上する場合もあり、売り上げや顧客満足度とは別にブランドロイヤリティにどのようなポジティブな影響を与えることができるかが、重要な判断基準です。

営業担当者が顧客に与える影響力が強いといっても、ピンとは来ないかもしれません。そこで「人が顧客ロイヤリティに与える影響」が見て取れる例として、コモンズが某化粧品メーカーで行ったアンケート調査の結果を見てみましょう（次ページ図）。

化粧品メーカー顧客調査より

【重要度】【満足度】【ロイヤリティ醸成影響度】によるマーケティングミックスの評価

マーケティングミックス	重要度%	満足度%	ロイヤリティ醸成影響度（相関）
1 スキンケア_自分の肌に合っている	98.2	38.5	0.4648
2 スキンケア_実際に効果がある	91.2	38.5	0.444
3 スキンケア_他にはない高級感がある	21.1	23.1	0.3955
4 メイクアップ_他にはない高級感がある	35.1	42	0.3375
5 全般_美容部員のお手入れサービス	**61.4**	**14**	**0.259**
6 全般_美容部員の基本の接客態度、マナー	**70.2**	**33.3**	**0.2259**
7 全般_ブランドならではの特徴がある	47.3	45.6	0.2177
8 全般_ブランドにステータスがあること	36.9	47.4	0.2049
9 全般_美容部員のカウンセリングが的（マト）を射ている	**70.2**	**14**	**0.2005**
10 スキンケア_様々な悩みに対して製品が揃っている	61.4	30.8	0.1999

※上位10項目を掲載

アンケート調査を行い、顧客の商品に対する【重視度】【満足度】【ロイヤリティ醸成影響度】を計測しました。心理ロイヤリティへの影響度の高いものから順番に上から並べています。

トップには、「自分の肌に合っている」「実際に効果がある」といった商品に対する項目が並びます。商品への評価に続いて、「美容部員のお手入れサービス」や「美容部員の基本の接客態度、マナー」といった項目も出てくることに注目してください。顧客は化粧品に対して、「肌の調子が良くなる」「もっと美しく見えるようにしたい」といった効果や効能を期待してはいますが、百貨店で美容部員による接客や化粧へのアドバイスを受ける中で、自身のロイヤリティを醸成させています。そこを理解した上で、顧客とのコミュニケーションを考えていく。望んだ物を提供するだけではなく、ブランドをどう好きになってもらうのかも考えながら顧客とコミュニケーションを図っていくことが重要です。

行動ステップ管理は、なぜ問題なのか

ここまでお話ししたように、営業担当者が顧客に多大な影響を与えていて、特に心理ロイヤリティを高めることに貢献します。そして通常のＳＦＡだけでは、優秀な営業担当者の行動ステップしか把握することができません。では、行動ステップだけで営業活動を捉えることで起きる弊害とは何でしょうか。

まず、ＳＦＡシステムを導入している企業の営業部門の管理職が陥りやすい罠についてお話ししておきます。

各営業担当者は、見込み客の行動ステップをＳＦＡシステムに登録をしており、これをベースに顧客別の状況を管理しています。本来であれば、営業担当者の営業プロセスを容易にするために行っているこの行為が、営業管理者にとっては、格好の評価対象になりえるのです。何人の見込み客がきて、何人に試乗させ、何人に見積もりを提出し、何人に下取りの提案をしたのかがボタンひとつで容易にグラフ化できるのです。そのグラフをベースに、管理者は営業担当者に対して、「なんでこんなに見積もり提出率が低いの

か？」と指導していくわけです。つまり、そもそもの購入意向やブランドへの好意度などとは関係なく、どれだけ試乗させるのか、見積もりを出すのかという方向へ、営業担当者を指導していくことになるのです。

さらに、SFAをもとに行動ステップで営業担当者の業務を管理していくと、どうしてもPUSH型の営業になりがちというのも弊害のひとつです。営業担当者がSFAをもとに導き出された行動ステップに沿って営業活動を行うことが良しとされると、あらかじめ行動ステップが決まっているので、次はこれ、その次はこれと、顧客がどんなふうに営業担当者の営業活動を受けとめているのかに関係なく、その先の営業活動を進めていくことになります。

顧客は、購入への意思を明確にしておらず、もっと商品のことをよく知りたいと思っているのに、(すでに説明は済んだ。それなのになかなか購入すると言ってくれないな……)と思った営業担当者は、行動ステップで決められた次の手を打とうとします。その場合の次の手とは大抵、「今購入いただくと〇％引きでご提供できます」「ただ今キャンペーン中ですので、購入者には〇〇がプレゼントされます」といった値引きの交渉に陥りがちです。値引きに陥りやすいPUSH型の営業は、優秀な2割の営業担当者でなくても簡単にすることができます。普通レベルの6割の営業担当者でも取り組みやすいでしょう。しかしPUSH型の営業で値引きが当たり前のようになってしまった顛末は、企業の利益を損なうことです。それでは顧客に商品を購入してもらっても意味がありません。

値引きというお得感で製品やサービスに興味を持ってもらうのではなく、製品やサービスの本質で勝負すべきであるということに異論のある企業はないと思います。顧客にとって「どれだけ素晴らしく価値があるか」と思わせるために、営業担当者はセールスを行うべきです。つまり売りつけるPUSH型の営業ではなく、興味を引くPULL型の営業が理想的です（左図）。

SFAの狙い

人が集団を形成すると、2（優秀な人）・6（普通の人）・2（できない人）になりやすい。
コモンズのSFAの狙いは、優秀な2割のスキルとノウハウをプログラム化し、
普通の6割に適用することで販売力の底上げを図ることです。

優秀な人の特徴　上位20%

- 顧客を見極めて対応を変える
- 顧客の立場でメリットを話せるので
  ブランドや商品の魅力がしっかり伝わる

↓

興味を引く PULL型の営業

- 無駄な値引きをしない
- リピート客が増える

↑

優秀な人への取材と
顧客理解の調査結果から
ロイヤリティの判別方法と
セールストークをプログラム化

普通 orできない人の特徴　その他80%

- 決まったセールストークになりがち
- 競合と迷っている場合などクロージングしきれない

↓

売りつける PUSH型の営業

- 無駄な値引きをしてしまう
- 固定客が増えない

ＰＵＬＬ型の営業を行うために

顧客に製品やサービスを売りつけるのではなく、興味を持ってもらうためのＰＵＬＬ型営業は、どのように展開していけばいいのでしょうか。

コモンズではあるクライアントに、来店時に店舗でできるロイヤリティ計測を提案しました。そのクライアントはオリジナル商品を展開する某外資系化粧品メーカーで、オンラインショップでの販売も行ってはいますが、やはり店舗における対面接客が多いということでした。

ＰＵＬＬ型の営業を行うためには、

・顧客がどんな商品に興味があるのか
・顧客がどれだけ商品に対する知識があるのか
・どの程度購入の意思が高まっているのか
・企業やブランドに対する顧客ロイヤリティは高いのか

といったことをある程度把握しておかなければ難しいわけです。これらは特に心理ロイヤリティに関わってくる項目です。しかし顧客が初来店であったりすると、まったく手掛かりがありません。そこで初めて来店された顧客に、アンケートに協力してもらい、心理ロイヤリティをその場で計測できるようにしたのです。

計測はタブレット端末でカウンセリングに必要な質問項目に答えていくだけという簡単なものにしました。営業担当者は併せて、顧客と話をしながら、どんなタイプの顧客なのかを探っていきます。顧客に何のアンケートなのかと変に思われないように、欲しいと思っている商品名や、ライフスタイルに対する質問も交えながら、設問設定を行っています。

もちろん様々なタイプの顧客に合わせて、その場で最適な会話を展開できる優秀な営業担当者は少ないはずです。先に出した比率でいえば、２割程度しかいないということになります。

そこでコモンズでは、アンケートから導き出した顧客の心理ロイヤリティレベルに合わせて、セールストークを展開していくという行動ステップを踏んではどうかと提案しました。顧客に合わせた行動ステップを踏むために、心理ロイヤリティを計測するという顧客の心理に向き合うステップを間に挟んだのです。

心理ロイヤリティを把握できれば、これまでの実績から、どんな話をすれば顧客の興味を引くことができるのかがわかってきます。例えば商品に対する心理ロイヤリティが低ければ、競合他社について説明しながら、第2章で述べたような付加価値戦略を顧客に対して行うことで心理ロイヤリティを高めることができますし、もともと心理ロイヤリティが高い顧客であれば、顧客の疑問に十分答えられるベテランの営業担当者に任せ、顧客の要望や肌の悩みに合わせた製品を紹介することで、喜んでその製品を購入していただくことが可能になります（左図）。

コモンズの考えるSFAプログラムは、心理ロイヤリティから区分した顧客の特性と、優秀な営業担当者の行動ステップの両方を取り入れたものです。2割といわれる営業担当者の行動ステップだけで、顧客とのコミュニケーションは完璧だと思っていませんか。逆に営業担当者を行動ステップに沿っているか、沿っていないかだけで判断していませんか。どちらも十分ではないと私たちは考えています。そして、これまではあまり日の目を見なかった営業担当者を、顧客の心理ロイヤリティを上げることに貢献しているという新しい評価軸で見てみると、社内には優秀な人材が、実はたくさんいるということ

某外資系化粧品ブランドの事例

初回来店時にカウンターにおけるロイヤリティ計測

心理軸レベルの高い(High)層(新客でありながら
心理ロイヤリティが高い)へは、優良顧客の資産化プログラム

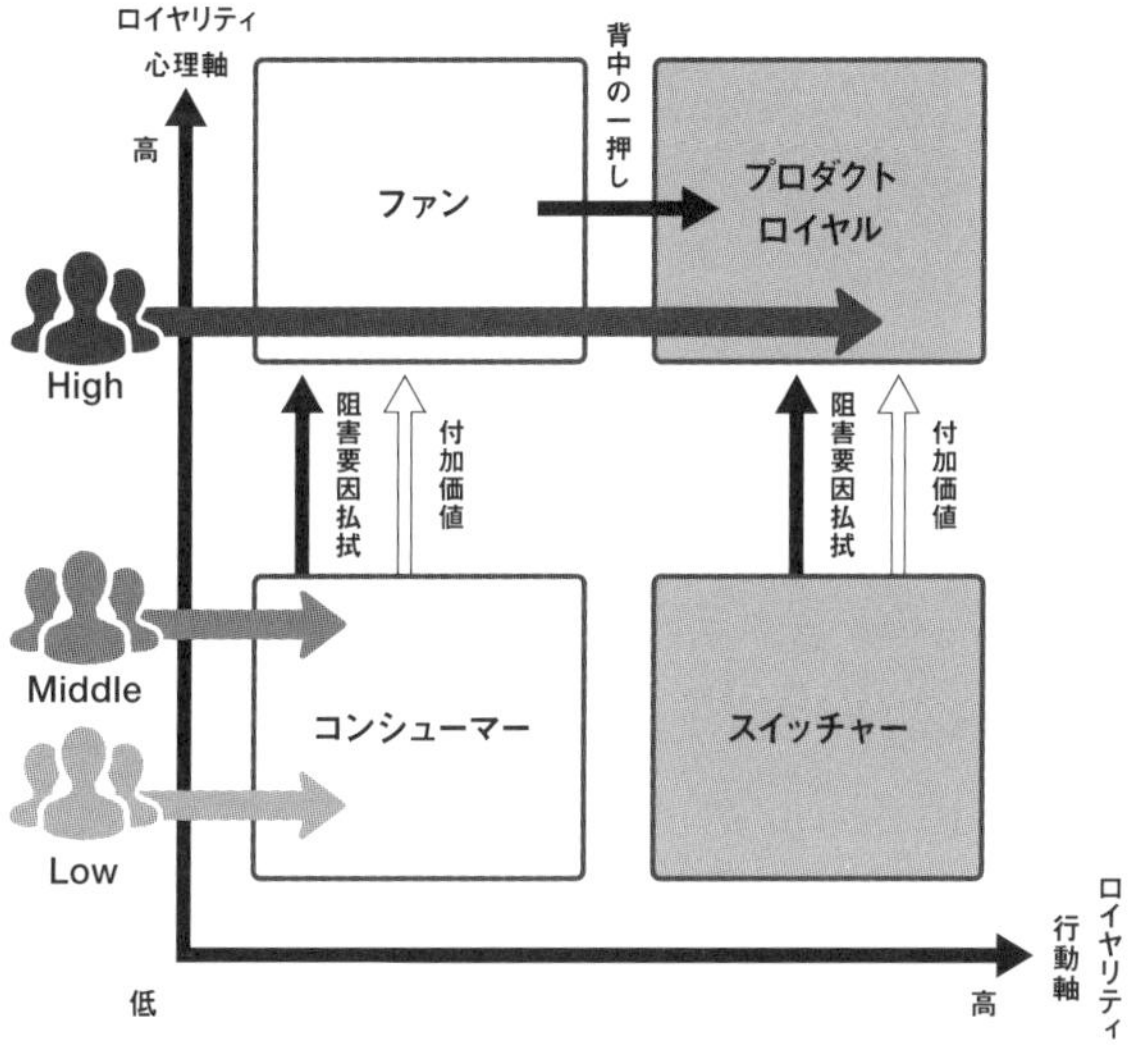

カウンセリング・アンケートによる心理ロイヤリティチェック※でHigh/Middle/Lowを計測

※美容部員のスキルを問わず手間をかけないアンケート方法

に気づくかもしれません。

売り上げで一定の成果を出している営業担当者が、顧客の心をつかんでいるとは言い切れません。もしかしたら、断るのが得意ではない顧客を見つけるのがうまく、押して押して押しまくって購入につなげているだけかもしれません。押し売りされたと感じたら、顧客は二度と店舗に足を運ばないでしょうし、商品を買ってくれないでしょう。

また、押しが強い営業担当者であっても、そうしたゴリ押し感のある営業スタイルをひたすら続けることに、疲れないわけがありません。売れなくても疲弊しますが、力業で仕事をこなし続けることも疲弊感が増します。売り上げアップではなく、「ブランドの体現者として、ブランドを愛してくれる顧客を増やそう」と言われたら、営業担当者の気持ちも少しは前向きになるのではないでしょうか。

改めて顧客理解の重要性

コモンズに、ある自動車メーカーからご依頼がありました。ある車種を若者向けにカスタマイズして販売することになったので、そのプロモーションを担当したのです。

その車種は若い世代に人気がありましたが、カスタマイズすることでより個性の強い自動車になります。クライアントとしては、この自動車を好きになる顧客はどんな顧客なのかといった具体的なイメージがつかみ切れていなかったようです。ターゲットはある程度絞れているけれど、そのターゲット層に向けた個性ある自動車を販売したことがなかったため、まずは具体的な顧客像と、どうすれば想定する顧客に響くプロモーションができるのかが課題でした。

そこで多大な予算を広告費にかけるのではなく、全国各地にあるディーラーに、その自動車専任の営業担当者を置くということを提案しました。コモンズでは、思い描く顧客像を伝えるために、専任営業担当者を集めてレクチャーを行い、その顧客像が休日に遊びにいくような場所をセレクトして、実際に遊びに出かけてもらいました。流行のスポットやレストラン、買い物に出かける場所などを視察し、視察にかかった費用は、もちろん経費として企業が支払います。そして、実際に販売がスタートしてからは、専任営業担当者は、想定する顧客が好みそうなカジュアルな洋服を着て、接客をしてもらいました。ディーラーにいる営業担当者はほぼ100％スーツを着用しているのですが、その中で完全に浮いている身なりに、担当者も最初は戸惑っていたようです。しかし、そうしたカジュアルな佇まいのほうが、この自動車を欲しいと思う顧客たちには親近感がわく。ディーラーに出向くのはちょっと緊張するという顧客も、自分の好むような洋服を着た営業担当者がいるなら、敷居も低くなると考えたのです。結果として、その自動車は予想以上に販売台数を稼ぎました。

営業担当者は、この自動車を購入する人は、こんなものが好きで、こんな時間の使い方をして、こんなことに興味を持つ人たちなのだという、カルチャーを理解したことで、通常の営業では話さないような話をたくさんすることができたはずです。そこに共感が生まれ、顧客は「自分の好きなものを理解している営業担当者に任せたい」と思ったでしょう。

この事例に限らず、世の中を見渡すと、マーケティング・コミュニケーションにおいてなるほどと感じさせる事例がたくさんあります。高級車として有名なＡｕｄｉからA8という車種が登場したときに、アメリカで展開されたプロモーションも秀逸でした。

どこが秀逸だったのかというと、営業担当者ではなく、実際にA8を購入している顧客にアンバサダーとしての役割を担ってもらい、A8を購入しそうな顧客をもてなしてもらったのです。それもアンバサダーが行ったのは、車種や仕様の説明ではありません。

A8を購入している人たちが行くようなパーティーや音楽会などに同伴してもらって、高級車であるA8に乗る人たちのライフスタイルを体験してもらうという内容にしました。A8を手にすることで、こんな日常が待っている、こんなハイソサエティな人たちの仲間入りができるといったイメージの共有が、A8を購入したいという思いにつながり、販売数が一気に伸びたそうです。

プロモーションにおいてだけではなく、例えば洋服を買いに行って、そのお店のスタッフが、そのブランドの持つイメージとは真逆の洋服を着ていることはありません。大抵はそのブランドの洋服を着ています。顧客はスタッフの着ている洋服を見て、コーディネートやおしゃれのヒントをスタッフに聞いて、洋服を購入するでしょう。中にはあこがれのスタッフと同じコーディネートで洋服を買う顧客もいます。それは顧客が、「この人は私の気持ちを理解している」「私がかわいいと思うものを知っている」という信頼を、スタッフに抱いているからです。反対にスタッフが顧客のそうした心理をつかむことができたら、プロの販売員として「うちのブランドを好きな顧客が好きになるのは、こんなもの、こんなイメージ」ということを理解した上で接客すればロイヤリティが上がり、販売数もぐんと上がるはずなのです。

顧客ロイヤリティと顧客セグメントをからめたSFAプログラム

顧客の心理ロイヤリティを計測しながら、施策を組んでいくコモンズのSFAプログラムを作成していくには、不可欠な要素がいくつかあります。

営業担当者を巻き込む

SFAプログラムは、営業担当者に活用してもらうものです。それなのにSFAプログラムの作成依頼を受けたコモンズと、ごく一部の社員の方々で作成していては、本当に活用すべき営業担当者になじまないプログラムになってしまいます。

上位2割の営業担当者にヒアリング

営業担当者を巻き込むプログラムにしていくために、そしてより効率的かつ実効性の高い行動ステップとは何かを把握するために、上位2割の優秀な営業担当者に対して、どのように仕事を行っているのかを徹底的にヒアリングすべきです。

これらを踏まえ、ＳＦＡプログラムを作成し、マニュアル化していきますが、営業担当者が顧客ロイヤリティの度合いに応じて、個々の顧客に合った接客や応対を行えたら、より正確に間違いなくＳＦＡプログラムが実行されていくと考えています。現場に出ている営業担当者が、自身の営業活動の中で、どのようにＣＲＭプログラムをからめて、顧客とのコミュニケーションを図っていけるかが鍵になってきます。

購入時には顧客にアンケート調査を行うなどしながら、心理ロイヤリティがどう高まっていったのかを計測していくことで、ＳＦＡプログラムのＰＤＣＡの健全化を図っていくことができるでしょう。

おわりに

CRM2・0を始めるにあたって

「トランザクションデータ（顧客の行動履歴）だけのCRM」からの脱却について、第1章から第4章にかけて顧客の心理ロイヤリティに重きを置いて、話をしてきました。本文中でも触れましたが、コモンズとしてもトランザクションデータの重要性は理解しています。顧客の行動履歴をベースにデシル分析やRFM分析を行うことで、理解できることも多くありますし、コモンズでも短期的なKPIとしては、トランザクションデータを重視している場面も多くあります。ただ、トランザクションデータは、顧客の行動の結果です。その行動の結果だけにとらわれると、「安売りや新発売情報などの顧客の行動を促すためだけのコミュニケーションを行う」という過ちをおかしがちです。

行動軸だけでなく心理軸も含めたロイヤリティ調査を行い、顧客ロイヤリティをもとに顧客をセグメントし、施策に合わせたプロモーションや接客をすることで、LTVを高めていくことができます。これまで蓄積してきたデータによる傾向の見極めが必要ですから、社内にロイヤリティ調査・分析に特化した人材というリソースがないのは仕方ないことです。そこは信頼できるビジネスパートナーを得て、ロイヤリティ・マーケティングを実施していくしかないと思いますが、これだけは覚えておいていただきたいということがあります。

顧客の性格や嗜好は人によって違います。まずは人によって違うのだということを理解し、人によって違うコミュニケーションを図っていくことが本当に重要です。違いを理解することからすべてが始まります。違って当然なのですから、同じ施策を繰り返していても意味がない。せっかく労力を割いても、意味がないということを冷静に判断してください。

また既存顧客が去っていくだけでなく、新規顧客が増えるなど、顧客は常に変動しているものです。すべての顧客の顧客ロイヤリティを把握し、顧客のセグメントに見合った施策を打つというのは、相当な準備期間と労力が必要です。最初から全部やろうとするとスタートできないので、まずはざっくり捉えて、できるところから着手していくのが良いでしょう。きめ細やかに対応しなければと、そればかりにこだわっていると、いつまでたってもスタートできません。例えば顧客セグメントの中で一番プライオリティが高い人を見極めて、まずその人たちに向けたCRMプログラムを開発するだけでも、ロイヤリティ・マーケティングは一歩も二歩も前進します。

とりあえず売り上げを上げたいのであれば心理ロイヤリティが高い顧客に行動を起こさせる施策を実施すればいいですし、心理ロイヤリティが高い顧客があまりに少ないのであれば、育成から始めるべきです。顧客セグメント全体の含有率の傾向から、まず何を最優先したほうがいいのかが見えてくるので、徐々に着手できる顧客セグメントを増やしていくといいでしょう。

すべては、心理ロイヤリティを計測することから始まります

顧客に会員登録をお願いするとき、顧客満足度などのアンケートを行うとき、まずは、「好意」「信頼」「依存」を測ってみましょう。このたった3問を聞くだけで、あなたは心理ロイヤリティという新たな軸を獲得することができます。その軸を手に入れたあなたは、今までになかった視点で顧客を見ることができるようになり、より血の通ったあた

たかみのあるＣＲＭを実践できるようになるでしょう。

「顧客の心理」をつかむこと。自社の製品やサービスを、どのように「好き」になってもらい、「信頼」してもらい、「なくてはならない」と思ってもらうのか？　そのためのコミュニケーションを実践していけば、自ずと顧客のＬＴＶは、最大化していくのです。

人はやはり、心が動いたものにしか愛着を持ちません。その愛着がロイヤリティの根底にあるのならば、まずは顧客の心理を理解すること。特に心理ロイヤリティを把握して、コミュニケーション施策にいかしていくことが、ロイヤリティ・マーケティングに不可欠なのです。

謝辞

私がロイヤリティの世界にのめり込むキッカケを与えてくれ、また良き先生として私を導いてくれた事業構想大学院大学 事業構想研究科教授、事業構想研究所所長の岸波宗洋氏、共に調査・分析を通してこのロイヤリティの世界を探求し、思考を深めてくれた藤原光児氏に心から感謝致します。

What's COMMONS?

コモンズは社員数約50名の中堅広告会社です。創業以来、以下のようなオリジナリティを磨き、「自主独立の中堅総合広告会社」としてコミュニケーションビジネスの世界で業界大手にも引けを取らない存在価値を示してきました。

・メディアや企業グループなどいずれの系列にも属しません
——つまり特定の利益や興味に左右されない自主独立の広告会社です。

・限定されたメディアや業種に特化せず、フルサービスを提供しうる総合広告会社です
——我々と同等サイズの広告会社に多い、化粧品やアパレル、車などといった特定のカテゴリーに特化した専門広告会社とは一線を画します。

・「クライアントのブランドを愛し、クライアントに寄り添い、その課題を共有し、ともに解決のために行動する」をフィロソフィーとします
——この姿勢がコモンズの最大の強みともいえます。これを貫くことでキヤノンマーケティングジャパン、横浜ゴム、モスフードサービスをはじめ多くのナショナルクライアントから評価いただき長いお付き合いを続けることができています。

オリジナルのマーケティングサポートツール

コモンズのオリジナリティを語るうえで、多様化する環境やニーズに応えるために開発してきた独自のメソッドは欠かせません。本来であれば場面に応じた様々なメソッドをすべて紹介したいのですが、ここではその内のほんの一例を紹介します。

・「ロイヤリティ・エンジン」「ロイヤリティ・ジェネレーター」
——本書の内容の中心で、「正しい顧客ロイヤリティの理解を踏まえたCRM戦略・戦術」のことです。顧客ロイヤリティの捉え方、調査・分析の手法、アクイジションや（特に）リテンションのための戦略・戦術立案、具体的なCRMプログラムの開発や運営まで、経験・実績に裏打ちされた結果を生み出します。

・「ブランド・トゥルース」
——通常のブランド調査とは一線を画する「ブランド選択におけるターゲットの本音」を明らかにするユニークな調査・分析手法と、それを活用したコミュニケーション戦略及びクリエイティブの開発までをカバーする独自のブランディングシステムです。

著者略歴

波岡　寛

1996年日本大学芸術学部映画学科卒業。

1999年Sacred Heart大学芸術学部グラフィックデザイン科卒業（コネチカット、アメリカ）。

大学を卒業後、シアトルにある広告会社エルジンDDBのマクドナルドチームにインターンシップとして勤務。

2000年コモンズに入社後、プランナーとして勤務。

28歳の時に、当時世界のダイレクトマーケティング会社として1位、プロモーション会社として2位にランキングしていたドラフトワールドワイド株式会社（本社アメリカ）とコモンズ株式会社との合弁会社の立ち上げに関わる。ドラフト社から参加した、プランニングディレクターの下、ドラフト社のクライアントであるアメリカン・エキスプレス社やコモンズ社のクライアントで、ダイレクトマーケティングのアカウントプランナー担当として、顧客の分析やセグメント、それに基づいたプロモーションプランの立案に関わる。外国人の上司にマーケティングの基礎から教わりつつ、ダイレクトマーケティングと従来の広告との違いに悪戦苦闘する毎日を送る。

32歳でコモンズ株式会社の代表取締役社長に就任。

34歳の時、ロイヤリティ・マーケティングのコンサルティング会社である、コモンズ・コンサルティング・パートーナーズを設立。同社代表取締役に就任。大手携帯会社をはじめとしたコモンズ社のクライアントのロイヤリティ・マーケティングについて、コンサルテーションを行っている。

CRM2.0

心理でとらえる顧客ロイヤリティ

発行日　2019年3月20日　初版
著者　波岡　寛
企画・編集　宣伝会議ビジネスブックス編集部
発行者　東　彦弥
発行所　株式会社宣伝会議
〒107-8550
東京都港区南青山3-11-13
TEL. 03-3475-3010（代表）
https://www.sendenkaigi.com/

デザイン　星陽介（Hoshi Design Station）
印刷・製本　中央精版印刷株式会社

ISBN 978-4-88335-469-6

宣伝会議の書籍

Business Booksシリーズ

物語と体験
STORY AND EXPERIENCE
河原大助・望月和人 著

ブランドが価値あるものとして存在するために、物語（戦略的ブランドストーリー）と体験（リアリティのある体験）がより重要になっています。複雑化する広告コミュニケーションに求められる本質を、現場の経験と言葉でリアルに読み解きました。

■本体1900円＋税 ISBN978-4-88335-433-7

地域が稼ぐ観光
ボクらはコトづくりでチイキのミライをつくる
大羽昭仁 著

観光で地域が稼げるようになるには？体験をベースとした観光プログラム、行政との連動など、地域に適正にお金が落ちる仕組みをつくり、全国で実践してきた著者の「地域が稼ぐ」ノウハウをまとめた一冊。

■本体1800円＋税 ISBN978-4-88335-444-3

デジタルマーケティングの実務ガイド
井上大輔 著

「4P」や「STP」を理解しても、明日からの実務が変わるわけではありません。なぜなら、それらは「理論」だからです。本書では、どのようにデジタルマーケティングの業務を設計し進めていけばよいのか、手引きとしてまとめました。

■本体2000円＋税 ISBN 978-4-88335-430-6

「欲しい」の本質
人を動かす隠れた心理「インサイト」の見つけ方
大松孝弘・波田浩之 著

ニーズからインサイトへ。いまの時代、消費者に聞くことで分かるニーズは充たされ、本人さえ気付いていないインサイトが重要に。人の「無意識」を見える化する、インサイト活用のフレームワークを大公開。

■本体1500円＋税 ISBN 978-4-88335-420—7

宣伝会議 の書籍

シェアしたがる心理
SNSの情報環境を読み解く7つの視点
天野彬 著

情報との出会いは「ググる」から「#タグる」へ。どのSNSとどのように向き合い運用をしていけばよいのか、情報環境を読み解く7つの視点、SNSを活用したキャンペーン事例などからひも解いて解説していきます。
■本体1800円+税 ISBN 978-4-88335-411-5

伝わっているか？
小西利行 著

世の中はさまざまなアイデアで動いているが、その中心にあるのはいつも言葉である。日産自動車「モノより思い出」などの広告を手がけたコピーライターの小西利行が考える、人、そして世の中を動かす、言葉を生む方法論。
■本体1400円+税 ISBN 978-4-88335-304-0

ブレイクスルー
ひらめきはロジックから生まれる
木村健太郎・磯部光毅 著

企画や戦略、アイデアを練るときに誰もがぶつかる思考の壁。その壁を突破する思考ロジックを、広告の現場で培った知見と経験をベースに〝見える化〟。分かりやすい寓話、事例と豊富な図解で解説する。
■本体1500円+税 ISBN 978-4-88335-283-8

面白くならない企画はひとつもない
髙崎卓馬のクリエイティブ・クリニック
髙崎卓馬 著

時代の急激な変化に対応できず、何が面白いものなのかわからなくなってしまったクリエイターたちが増加。実際のクリエイター、宣伝担当者たちの企画を、丁寧に診察し、適切な処方箋をつくり、治療していくまさにクリエイティブのクリニック。
■本体1800円+税 ISBN 978-4-88335-457-3

詳しい内容についてはホームページをご覧ください www.sendenkaigi.com

宣伝会議 の書籍

シングル&シンプルマーケティング
本間充 著

大量生産、大量消費を目指すのではなく、対話+データ分析で個人に寄り添う、これからの新しいマーケティングを、宣伝会議の人気講師が提唱。利益を伸ばしたいマーケター必読。

■本体1800円+税 ISBN 978-488335-429-0

手書きの戦略論
「人を動かす」7つのコミュニケーション戦略

磯部光毅 著

本書は、コミュニケーション戦略を「人を動かす人間工学」と捉え、併存する様々な戦略・手法を7つに整理し、その歴史的変遷や、プランニングの方法を解説。各論の専門書を読む前に、体系的にマーケティング・コミュニケーションについて学ぶための1冊。

■本体1850円+税 ISBN 978-4-88335-354-5

予定通り進まないプロジェクトの進め方
前田考歩 著

ルーティンではない、すなわち「予定通り進まない」すべての仕事は、プロジェクトであると言うことができます。本書では、それを「管理」するのではなく「編集」するスキルを身につけることによって、成功に導く方法を解き明かします。

■本体1800円+税 ISBN 978-4-88335-437-5

逆境を「アイデア」に変える企画術
崖っぷちからV字回復するための40の公式

河西智彦 著

逆境や制約こそ、最強のアイデアが生まれるチャンスです。関西の老舗遊園地「ひらかたパーク」をV字回復させた著者が、予算・時間・人手がない中で結果を出すための企画術を40の公式として紹介。発想力に磨きをかけたい人、必見。

■本体1800円+税 ISBN 978-4-88335-403-0